한국 독자들을 위한 저자의 메시지

生活と芸術をつなぐ

생활과 예술을 잇다

센스의 철학

센스의 철학

지바마사야 지음　전경아 옮김

예술과
일상을 대하는
세련된 감각

베가북스
VegaBooks

'센스의 철학'이라고? 도대체 무슨 이야기를 하고 싶은 거지?

그러나 페이지를 넘겨가며 나도 모르게 입꼬리가 올라갔다. 예술과 철학, 그리고 일상의 리듬과 '센스'를 연결하는 저자의 탁월한 '편집력' 때문이다. 그뿐만이 아니다. '창조' 이후의 주제로 '의사소통'을 손에 쥐고 고민하던 내가 '리듬'이라는 주제를 발견하고 관련 자료들을 찾고 있었는데, 이 책을 쓴 지바 마사야 또한 전혀 다른 영역에서 '리듬'이라는 주제를 다루고 있었기 때문이다. '모든 존재는 자기만의 리듬을 갖는다'는 내 생각과 '기분 좋은 파도에 몸을 맡기듯, 무규칙과 우연의 삶 속에서 리듬을 경험하는 것이 센스 있는 삶'이라는 저자의 주장은 아주 교묘하게 만나게 되는 지점이 있었다.

책에서 던지는 '센스'에 관한 구체적 메시지도 흥미롭지만, 종횡무진하는 저자의 '의식의 흐름'을 정리하며 읽는 것도 큰 공부가 될 듯하다.

'창조적 사고'가 어떻게 가능한가를 흥미롭게 보여주기 때문이다. '메타적 사고'를 하며 읽을 만한 가치가 있는 책이다.

십여 년 전만 하더라도 일본 저자의 책들을 감동하며 읽은 적이 많다. 가라타니 고진, 마츠오카 세이고 같은 학자들이다. 대학의 '학과'라는 벽에 갇혀서 도무지 영역을 건너뛰는 생각을 허락하지 않는 한국의 학문풍토에 절망하고 있을 때, 이종격투기 같은 그들의 책은 내게 별처럼 빛났다. 그 이후로 정말 오랜만에 이 흥미로운 일본학자의 책 《센스의 철학》을 읽었다. 이 책을 다 읽자마자 저자의 다른 작품들을 바로 주문했다.

나처럼 많은 독자들이 이 책과 함께 2025년을 아주 '센스' 있게 시작할 수 있었으면 좋겠다.

김정운 (문화심리학, 《창조적 시선》 저자)

목차

제8장　　　**반복과 안티센스**

마지막으로 • 241

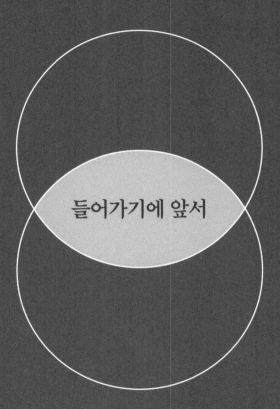

들어가기에 앞서

'센스'라는 말

"센스가 좋다."

　이 말은 사람의 마음을 약간 뜨끔하게 만드는 구석이 있는 것 같다. 무언가 자신의 체질에 관해서 뭐라고 하는 것 같은 느낌, 노력으로는 도저히 따라잡을 수 없다는 느낌이 들지 않는가?

　그런데도 세간에서는 센스라는 말을 꽤나 가볍게 사용하는 것 같다.

　센스가 좋다느니 나쁘다느니 하는 말은 참으로 여러 가지 상황에서 쓰인다. 가령 옷을 입을 때나 밥을 먹으러 갈 때 식당을 고른다거나 하는 일상생활에서 '선별하는 센스'가 있다. 그림이나 음악을 아는 '예술적 센스'도 있다. '대화 센스가 좋다'거나, 일하면서 '저 사람은 참 센스가 있어' 하는 식으로 센스라는 말을 쓰는 경우도 있다.

　센스란 다양한 대상이나 장르에 대해 쓰이는 말이다. 그래서 '센스가 좋다'거나 '센스가 없다' 같은 말을 들으면, 단지 한 가지만이 아니라 자신을 통째로 평가받는 것 같아 괜히 마음 한구석이 뜨끔 하는 것이 아닐까.

　사실 이 책은 '센스가 좋아지는 책'이다.

그렇게 말하면 기가 차서 '네가 센스를 아느냐'라는 비난이 날아들지 않을까 싶은데…… 일단은 그렇게 말해놓고 보자.

'센스가 좋아진다'라는 말은 허세라고 생각하면 된다. 이 책을 읽고 여러분이 기대하는 의미에서 센스가 좋아질까? 그건 알 수 없다. 그저 무언가를 볼 때의 '어떤 감각'이 전해졌으면 하고 바랄 뿐이다.

이 글을 쓰고 있는 사람을 잠깐 소개하자면, 나는 철학이 전공인데 예술과 문화를 연결하여 철학을 연구해왔다. 문과 계열 연구자이지만, 예술작품을 만든 경험도 있다.

원래 중학교 시절에는 미대에 진학하려고 그림을 그리거나 입체 작품을 만들고 피아노도 연주했지만, 고교 시절에 관심이 글쓰기로 옮겨지며 지금 이 영역을 전공하기에 이르렀다. 2019년부터는 소설도 쓰기 시작했다. 정식 직함은 '철학자 겸 작가'다. 최근에는 10대 시절로 돌아가서 미술 제작도 다시 시작했다.

그런 배경이 있으므로 일단은 사물을 제작하는 노하우를 어느 정도 가지고 있다고 생각하고, 그 노하우와 철학을 조합하면 어떻게 될까 하는 생각으로 책을 써보기로 했다.

이 책은 일종의 '예술론'이라고 할 수 있다. 미술, 음악, 문학 등 좁은 의미에서의 예술뿐만이 아니라 예술을 생활과 연결해서 설명한다.

이 책의 목적은 예술과 삶을 연결하는 감각을 전달하는 것이다.

말하자면 너른 의미에서의 '예술 감각'이 주제인데, 그것을 어떻게 부르면 좋을까, 생각했을 때 가장 먼저 떠오른 것이 '센스'였다. 센스란 서두에서 말했듯이 어딘지 가시가 있는 말이라고 생각하는데, 그 점도 포함해서 고찰해보고 싶은 것이다.

예술이라고 해도 장르가 달라서, 보통은 따로따로 이야기되는 경우가 많을 것이다. 그래도 미술이나 음악, 문학 등을 오가는 경험을 통해 '이런 공통의 이야기를 할 수 있구나' 하고 실감할 수 있었다. 이는 경험적인 '감(感)'으로 그 감을 철학이나 예술론 등과 대조하여 설명하는 방법을 발견했다.

이 책은 내 경험에서 나온 이론이지만 그 바탕에는 전문적인 이론도 깔려 있다. 다만 전문적으로 세세한 부분까지 파고들지는 않으려 한다. 무엇보다 읽기 쉽고 도움이 되는 책이 되었으면 하기 때문이다. (근거라고 하면 조금 거창하지만, 무엇을 근거로 말하고 있는지는 도중에 보여줄 생각이다. 그리고 참고문헌도 열거할 생각이다)

이 책에서는 일단 센스가 좋아지는 방향을 목표로 한다.

그런데 센스란 대체 무엇인가?

센스란 무엇인가, 센스의 좋고 나쁨은 어떤 것인가를 여러 각도에서 생각하고 정의하고자 한다. 단번에 정의하는 게 아니라 단계적으로 한다. 그 정의는 어디까지나 '이 책에서는'이라는 임의적 정의로, 하나의 참고가 되기를 바라는 마음에서 썼다고 생각해주면 좋겠다.

그리고 미리 말해두지만, 최종적으로는 센스가 좋고 나쁨의 '너머'까지 향하게 된다. 어떤 의미에서 센스가 더는 중요하지 않게 될 때까지 말이다. 결국 그것을 '안티센스'라고 부르게 될 텐데, 이 책이 진행되면서 안티센스를 어떻게 생각할 것인가 하는 문제가 점점 드러날 것이다.

나의 책《공부의 철학(勉強の哲学)》(2017년)과 《현대사상 입문(現代思想入門)》(2022년)에서 썼던 표현을 빌자면, 센스란 무엇인가를 '임시 고정(仮固定)'한 다음 '탈구축(脱構築)'하는 방향으로 나아가는 것이다.

이 책은 센스라는 말이 언제, 어떤 상황에서 자주 쓰이는지를 살펴보는 것에서부터 출발한다.

사실 센스를 예술론이나 미학 용어라고 하기에는 좀 미묘한 부분이 있다. 전문적으로 말하자면 '센스를 연구한다'는 것은…… 음, 조금 수상쩍은 이야기로 들릴지도 모른다. 대학에서 연구한다면 '센스란 이런 것이다,' 하고 정면으로 대놓고 정의하기는 어려울 것이다. 하지만 다음과 같이 문제를 설정한다면 가능하지 않겠는가.

'센스라는 모호한 말로 쓰인다는 게 무엇을 의미하는가?'

이건 '언어의 쓰임새를 분석'하는 것이다. 그러니까, 센스란 무엇인가 하고 정면에서 해답을 구하는 게 아니라, 센스라는 말이 '쓰이는 사례'를 분석하는 것이다.

이 책에서도 '센스란 이런 식으로 사용되는구나,' 하는 용례부터 시작했다.

그리고 그런 견실한 연구를 하면, '사람들은 이런 의미에서 센스라는 말을 쓰는 것 같군요,' 하는 사회 관찰 같은 결론에 그치지 않을까.

센스란 이런 것이야, 하는 직설적인 정의는 피하니까 말이다.

하지만 이 책에서는 그 금기를 깬다고 할까, 일종의 만용으로서 센스란 이런 것이라는 하나의 견해를 제안한다.

뭐, 방금 '금기를 깬다'고 말했지만, 그것도 너무 약한 표현이고, 개념이란 역시 누군가가 용기를 내서 정의하는 수밖에 없는 것이다. 쉽지 않은 일이다.

이론을 새로이 정립하려면 나름대로 편향된 이야기를 해야 한다. 그래서 책임이 생긴다. 철학에서도, 예술론에서도, 사회학에서도, 누군가가 용기를 내어 무언가를 정의한 것이 발단이 되어, 그 후에도 논의가 이어지는 것이다.

그래서 센스라는 아리송한 단어를 내 나름대로 개념으로 다시 만들어보려고 한다. 그러기 위해서는 용기가 필요하다.

미안하다. 복잡한 이야기가 되었는데, 《센스의 철학》이라고 하면 전문적으로 볼 때 어떤 책인지 의문이 생길 수도 있을 터여서 일단 설명한 것이다.

자, 하던 이야기로 돌아가도록 하자.

센스라는 말에는 가시가 있다고 생각한다.

즉, 어딘가 배타적으로 들리는 구석이 있다. "그 사람, 노력은 하는데 센스가 없어," 하는 식으로 말이다. 즉 그것은 노력으로는 어쩔 수 없는 부분을 가리키고 있으며, 노력을 부정하는 뉘앙스가 들어 있다.

좋지 않은 말이지만 이른바 '머리'와 비슷한 면이 있다고 생각한다. '머리'라고 하면 원래부터 바꿀 수 없는 것을 가리킨다. 나는 이런 말을 경계한다. 왜냐하면, 이런 말은 노력에 의한 변화를 인정하지 않고 다양성을 존중하지 않으며 사람을 구분하려 들기 때문이다.

하지만 이 책에서는 센스가 아무 소용없다고 생각하지는 않는다.

일단 센스가 좋은 뜻으로 해석되는 '바람직한 상태'가 있다고 가정한다. 그리고 센스란 단어에다 사람을 해방하는 의미, 혹은 풀어놓는 의미를 부여할 수 있게 고찰해보려 한다.

인간을 더욱 자유롭게 해주는 센스를 즐기면서 키울 수 있다는 것이

이 책의 관점이다.

직관적으로 알 수 있다

그렇다면 '센스'라는 이 외래어는 어떤 말일까?

일본식 영어처럼 보이기도 하지만 그렇지 않다. 원래의 영어 sense라는 단어를 사전에서 찾아보면, 일본에서 센스라고 말할 때의 그 의미가 실려 있다. '유머 감각(sense of humor)'이라든가 '옷 센스 dress sense' 같은 예가 바로 그것이다.

이런 맥락에서의 센스란 어떤 사안에 대해 '어쩐지 깊이 생각하지 않아도 알 수 있다, 혹은 알게 된다'라는 의미라고 생각한다.

영어 단어 sense에 대해서는 제1장에서 자세히 알아보기로 하고, 여기서는 우선 다음과 같이 정의해둔다.

• 첫 번째 정의: 센스란 '직관적으로 알 수 있는' 것이다.

여기서 '직관적으로'라는 것은 '왠지 모르게, 깊이 생각하지 않아도'

라는 말을 살짝 바꾼 것으로 키워드는 '직관'이다. 영어로는 intuition(인튜이션)이라고 하는데, 이것은 오래전부터 문제가 되어온 철학 개념이다. 철학의 전문용어로는 '직관'이라고 한다. '직감'과는 좀 다르지만 지금 당장은 신경 쓰지 말자.

사전에서 sense를 찾아보면, 기본적인 단어의 뜻으로 '의미', '감각', '판단력' 등이 죽 나열되어 있다. 거기에 더하여, 아니, 그것을 합성한 것 같은 의미에서, 가타카나로 '센스'라고 적어놓은 사전도 있다. (난 지금 이 원고를 Mac으로 쓰고 있는데, Mac의 사전 앱에 들어 있는 《위즈덤 영어사전》에는 그렇게 쓰여 있다)

이 이야기는 제1장에서 계속하도록 하겠다.

자, 센스를 '직관적으로 안다'라는 뜻이라고 하자.

'직관적으로'……라는 말은 여러 가지 의미를 담고 있다. 대충 말하면 복잡하게 생각하지 않아도 알 수 있다는 뜻이다. 좀 더 설명하면 '순서대로 추론해서 결과를 알 수 있는 게 아니다' 혹은 '토론하듯 이것도 저것도 아니라고 고민하여 결론을 내리는 것이 아니다'라고 할 수 있다.

즉, '단번에,' '전체적으로,' '종합적으로' 아는 것이다.

속도감도 동반된다. 그러니까 '딱 알 수 있다'는 얘기다. 어떻게든 알려고 애써 아는 게 아니라, '이미 알고 있다' 하는 뉘앙스도 있다. 이렇게 말하면, '그게 어떻게 가능해!' 하는 짜증 섞인 목소리가 들려오는 것 같지만, 너른 의미에서 '직관적'인 판단은 우리가 평소에도 하는 일이다.

집에서 가장 가까운 역으로 간다고 치자. 그 길이 익숙하면 직관적으로 걷게 되므로 어떻게 갈 것인지에 관해서는 고민하지 않는다. 돈카츠 카레를 먹을 때도 먹는 방법을 '순서대로 추론'하지는 않는다.

'사과'란 말을 들으면 어떤 과일인지 알 수 있다. 머릿속으로 사전을 찾아보지 않는다. 사람들이 하는 이야기도 복잡해지면 이런저런 생각을 하게 되지만, 이야기의 기본적인 의미는 대번에 알 수 있다. 쇼핑할 때면 어째선지 인간은 간단한 덧셈도 뚝딱 해낼 수 있는 계산 능력이 있다.

여기서 주의 깊은 사람은 이렇게 생각할지도 모르겠다. "어라, 다른 이야기를 뒤죽박죽 섞은 것 아닌가?"

역에서 길을 잃지 않고 갈 수 있는 것은 '익숙함'일 것이다. '습관' 말이다. 그렇다면 말의 의미를 아는 것도 그럴까. '사과→이 과일'이라는 결합의 습관화일까. 그런 면도 있다고 생각하지만, 언어능력은 더 복잡한 것이란 학설도 있다. 수학 능력은 어떠한가? 기본적인 계산이나 도형의 파악은 선천적으로 가능하다고 생각한다.

앞의 예에서는 나중에 배우게 될 학습, 즉 습관과 선천적인 것이 섞여 있다.

그러면 안 되는 설명이라고 생각할지도 모르지만, 내가 보기에는 도리어 그게 핵심이다. 직관이란 개념은 옛날부터 사용되어왔지만, 그 의미에 변동의 폭이 커서 지금도 직관을 어떻게 정의하느냐에 관해서 학문적으로 최종적인 일치는 이루어지지 않았다고 본다.

그 배후에 어떤 과정이 있는지는 제쳐두고, 직관이라는 것은 '깊이 생각하지 않고서 알 수 있는 것'을 느르게 의미하는 것이라고 알아두자.

생활은 자연스러운 움직임의 연속이다. 깊이 생각하지 않더라도 그럭저럭 해나간다. 누구나 그렇다. 이런저런 장애를 갖고 있을 수도 있지만, 그것도 어떻게든 보완하며 생활한다.

예술이나 어려운 일에 '딱 보면 알 수 있는' 걸 요구하면, '그런 게 어떻게 가능해!' 하는 소리가 절로 나올 것이다. 그러나 일상의 커다란 흐름에서는 누구나 직관적으로 움직인다.

이 점을 재확인한 다음, 거기에서 예술에 관한 이야기로 연결하고 싶다.

'안다'라는 것을 '판단 혹은 판단력'이라고 하자. 센스란 '직관적 판단력'이다. 혹은 '이해'라고도 할 수 있다. '분별'이나 '식별'이라고도 할 수 있지만, 그 대표적인 표현은 '판단력'이다. (이것은 칸트의 《판단력 비판(Kritik der Urteilskraft)》이란 저작을 염두에 둔 것이다)

그런데 '옷 입는 센스는 좋아도 음악을 고르는 센스는 영 별로네,' 같은 말을 들을 때가 있다. 이건 가시가 돋친 센스에 관한 이야기 아닌가. '저 사람, 옷은 잘 입으면서 음악은 왜 센스 없게 저런 걸 듣지?' 하는 식으로 말이다. '어떤 것에 대해 센스가 좋으면 다른 것에도 센스가 좋아야 하는데······'라는 기대가 있을지도 모른다. 왠지 '모든 것에 공통된 판단력'을 가지고 있는 사람이라는 식으로 종합적으로 칭찬할 때 센스가 좋다고 말하는 경우가 있다. 즉 센스(Sense)란 직관적이고 종합적인 판단력이라는 것이다.

이 책을 '센스가 좋아지는 책'이라고 했는데, 그 말대로 바로 종합적으로 센스를 넓혀가는 것을 목표로 하고 있다. 음악, 패션, 실내장식, 미술, 문학 등에 걸쳐 '직관적으로 아는 것'을 넓히고 싶은 것이다. 이는 생활이나 일에까지 이어진다.

센스와 문화자본

센스의 좋고 나쁨은 종종 어릴 때부터 축적되어 '문화자본'에 좌우된다고 여겨진다. 그것은 좋은 가정환경과 결부되어 있어서, 솔직히 말하면 원래 부자니까 여러 가지를 감상할 수 있는 환경에 있었다든가, 하는 식의 경제적 격차에 관한 이야기이기도 하다.

그렇지만 문화자본은 후천적으로 육성하는 것이 가능하다고 나는 생각한다. 이 책에서는 문화자본을 살아가는 도중에 형성하는 것을 목표로 삼는다고 바꿔 말해도 좋을지 모르겠다. 아니, 그렇게만 말하면 조금 부정확하므로 조금 더 설명하겠다.

문화자본이 있다는 건 많은 것을 접하고 다양하게 먹는다는 것, 즉 넉넉한 양을 소화한다는 얘기다. 다시 말해 빅 데이터를 축적하고 있다는 뜻이다. 넉넉한 양을 소화하다 보니 자연스럽게 판단력이 몸에 배어 있다. 좀 더 자세히 말하면 그것은 인공지능 프로그램에 인터넷에 있는 엄청난 양의 문장이나 이미지를 '먹이는' 것으로, 이를 바탕으로 '생성' 할 수 있는 것과 비슷하다.

그 분량이 베이스가 되어 판단력이 나오는 것인데, 내 생각에 어느 정도는 판단력의 원리를 미리 생각할 수도 있을 것 같다.

오래전부터 그런 양을 쌓아온 사람을 도중에 물량 작전으로 이기려고 해봤자 무리다. 하지만 양을 쌓아가는 과정에서 얻을 수 있는 판단력의 핵심을 배우고 거기서부터 다시 양을 쌓아갈 수는 있다. 민주적 교육이란 그런 게 아닐까?

태어나고 자라는 과정에서 무언가 특정한 것, 몇 가지에 고착되어 시야가 좁아지는 사람들이 많다고 말하면 좀 그런가? 어쨌거나 많은 이들이 다른 것에 그다지 관심을 넓히지 않고 어느 범위 안에서 만족하며 산다. 하지만 그러지 말고 좀 더 관심을 넓혀보자는 말을 자주 들을 터인데, 이 책도 바로 그런 종류의 책이다.

다만 그다지 흥미를 너르게 갖고 싶지 않다면, 그 마음에도 정당한 이유가 있다고 생각한다.

인간은 '남아도는' 동물이다

인간은 다른 동물의 종보다 자유로울 여지가 크고, 다방면에 관심을 가지며, 욕망을 유동적으로 변화시킬 수 있는 존재다.

자유의 여지가 커서인지, 인간은 (1) 관심의 범위를 '어떤 식으로든 좁게' 한정하지 않으면 불안정해진다. 너무 많은 것들이 신경 쓰이기 때문이다. (2) 다른 한편으로는, 미지의 것을 접하고 싶은 마음이 누구에게나 있다. 그 또한 인간의 자유이기 때문이다.

말하자면 인간은 '인지가 남아도는' 동물인데, 남아돌아서 많은 것들을 보려고 해도 스스로 제한하지 않으면 진정이 안 된다는 딜레마를 안고 살아간다. 나는 그런 식으로 인간을 파악하고 있다. (또 이 설명은 프로이트 이후 '정신분석' 이론에 기초한 것으로, 거기에 포함된 생물학적인 부분을 강조하고 있다)

따라서 새로운 분야에 도전하려는 마음이 좀처럼 생기지 않는 것도 자연스럽고, 반대로 새로운 일을 갑자기 하고 싶어지는 것도 자연스러운 일이다. 인간에겐 그런 이중성이 있다.

문화자본을 축적해온 경우엔 다양한 일에 관심을 가지는 불안정함에 익숙해져서 아무렇지도 않은 면도 있을 것이다.

나중에 문화자본을 형성한다는 것은, 그렇게 하면 비즈니스에서 이길 수 있다는 뜻이라기보다 다음과 같이 생각해보자는 것이다.

• 문화자본의 형성이란 다양한 것들을 접할 때의 불안을 완화하고 불안을 재미로 전환하는 회로를 만드는 것이다.

그래서 유연 체조를 함으로써 정신을 움직일 수 있는 범위를 넓혀보자는 것이다. 한 장르의 재미는 다른 장르의 재미와 연결된다. 예를 들어 패션의 판단은 미술이나 문학의 판단과도 연결된다. 패션이 문학으로, 요리로, 일하는 방식으로 이어지는 확장을 믿지 못하는 사람도 많을 것으로 생각한다. 점차 몸이 유연해지고 '사물을 넓게 보는' 모드로 들어가는 것이 센스를 키우는 길이다.

여기서도 유보하겠지만, 하나의 전문 분야에 자신을 국한하고 그 논리와 윤리관에 따라 사는 것이 성실하고 프로페셔널하다는 기준도 있다. 그 기준으로 보면 이 책에서 추천하는 '센스의 확장'은 거부당할지도 모른다. 그런 쓸데없는 일은 하지 않아도 된다면서 말이다. 그런 의견도 존중해야 한다고 생각하지만, 완고하게 하나의 영역을 지키는 것도 인간의 훌륭한 힘이다.

센스의 좋고 나쁨에서 그 너머로

이 책은 궁극적으로 센스의 좋고 나쁨을 넘어선, 센스의 피안(彼岸), 센스의 저 너머를 고찰한다.

센스가 좋지도 나쁘지도 않다는 것은 사람마다 각자의 감성이 지닌 재미를 긍정하는 것이다. 그뿐이라면 '모두가 다르니까 다 좋아'라는 이야기가 되겠지만, 그보다는 조금 더 복잡한 이야기를 하게 될 것이다. '모두가 달라서 다 좋아'라는 말에는 거짓말 같은 밝음이 있다고 생각하는데, 나는 좀 더 어두운 이야기를 하려고 한다. 오히려 '어떻게도 할 수 없는' 인간의 무력함을 어떻게 생각해야 하느냐에 대한 이야기다. "어떻게도 할 수 없다," 이 말에는 뭔가 부정적인 뉘앙스가 포함되어 있다. 인간이 가진 어두운 면이다. 앞서 말한 자신을 한 가지 일에 국한하거나 '할 수밖에 없다'라는 상황이 그것과 관계가 있다.

거기까지 이르는 과정에서 일단 센스의 의미를 생각하는 것이다. 반대로 '센스가 나쁘다'라는 게 어떤 뜻인지를 정의하기도 한다. 이를 바탕으로 센스와 안티센스의 복합체로서 인간의 어두운 면을 생각한다.

'들어가는 말'은 이 정도로 해두자. 센스란 무엇인가, 센스의 좋고 나쁨이란 무엇인가. 그것은 역사를 통해 미술이나 문학 등에서 무엇이 평가받아왔느냐, 하는 것과 어느 정도 관계가 있다. 그 과정에 대해서도 다룰 것이다.

센스의 좋고 나쁨에서 그 너머로.

먼저 센스라는 이 외래어를 어떻게 다뤄야 할까? 그걸 다시 한번 생각해보자.

제1장

센스란
무엇인가?

그럼, 시작해보자. 우선 영어사전을 펴고 sense라는 단어를 찾아본다. 조금 시시콜콜한 이야기가 되겠지만, 이건 사전 준비라는 점을 양해하시기 바란다. 사전 준비가 끝나면 본론으로 들어갈 것이다.

감각과 사고

그래서 사전을 찾아보면 sense라는 단어의 뜻은 크게 세 가지로 나뉜다. '의미', '감각', '판단력'.

(1) 말이나 글의 '의미'. 거기에서 더 나아가 '네가 하는 일은 의미를 잘 모르겠어'와 같은 용법이 있는데, 이때 sense는 합리성이나 가치가 없음을 말한다.

그 반대말은 '난센스'다. 이 말은 '무엇을 의미하는지 알 수 없다'라는, 문자 그대로 '무의미'하다는 뜻이다. '사과'라고 하면 의미를 알 수 있지만 '사거'라고 하면 난센스가 될 것이다. 그리고 '그런 짓을 해봤자 난센스다', 즉 '불합리하다, 가치가 없다, 소용없다'라는 식으로 사용할 때도 있다. (이런 경우, '사과'와는 다르다. 무슨 말인지는 알겠지만, 그런 짓을 해봤자 우습다는 뜻이다)

(2) 감각, 이른바 '오감'을 뜻한다. 시각, 청각, 촉각, 미각, 후각 등 외

부에서 들어오는 인풋을 받아들이는 것, 즉 느끼는 것이다. 거기에 더해, 자기 안에서 더 내적으로 '~라는 느낌이 들었다'라는 식으로 사용하기도 한다.

(3) 판단력, 분별 등. 무언가를 '아는 것', 대표적으로 '커먼 센스'라는 관용어가 있다. 커먼(common)이란 '모두에게 공통된, 지극히 평범한'이란 의미로, 누구나 가지고 있는 '아는 힘'이 커먼 센스이며 '상식'으로 번역된다. 영어에서 가장 큰 사전인 《옥스퍼드 영어사전》을 찾아보면 이런 의미의 sense는 일상생활이나 일을 잘 해낼 수 있는 실제적인 힘을 말한다고 한다. 반대로 '너무 거창하게 생각하는 것'이 아니라고도 할 수 있다.

그런데 외래어로 쓰일 때의 '센스'는 이 가운데 세 번째, '판단력'의 일종이다.

이걸 좀 꼼꼼히 들여다보고 싶으므로, 사전을 비교해보자. 《위즈덤 영어사전》이라는 맥의 사전 앱에 들어가 보면, 다음과 같이 외래어 '센스'가 등장한다.

- (태어나면서부터) 느끼는[아는, 알 수 있는, 판별하는] 힘, 마음, 감각, 센스.

그리고 다음과 같이 이 단어가 사용되는 예를 볼 수 있다.

유머 감각이 있다. have a sense of humor.

그녀는 무엇이 옳고 그른지를 구별하는 또렷한 힘이 있다.

She has a clear sense of what is right and wrong.

너는 옷 입는 센스가 별로 좋지 않구나.

I don't think much of your dress[clothes] sense.

'태어나면서부터'라는 말이 괄호 안에 들어 있는데, 센스는 원래부터 갖추고 태어나는 거라는 뉘앙스가 있다. 그리고 적어도 이 사전에서는 '느끼는'이 핵심적인 것으로 보인다. '느끼는'이 지문이고, 그 뒤를 이어 그 변형으로 '아는, 알 수 있는, 판별하는'이 나열되어 있다. 이것은 내 생각이지만, 이 글을 보면 센스란 말에는 '느낀다=안다,' '느낀다=알 수 있다,' '느낀다=판별한다'처럼 감각성이 동반되는 것 같다.

그러면 가장 권위가 있는 《옥스퍼드 영어사전(Oxford English Dictionary)》은 센스를 어떻게 설명하고 있을까.

• 특히 직관적인 성질로, 사물을 정확하게 지각하고 식별하고 평가 하는 능력.

- 특정 사안, 활동 영역 등에 대한 직관적인 지식이나 능력, 특정 상황에서 어떻게 행동해야 하는지에 대한 직관적 지식.

  용례: clothes sense, dress sense(옷 입는 센스), colour sense(색깔에 대한 센스)

- 추상적인 질이나 개념, 특히 높은 가치를 지닌 것으로 간주되는 사물에 대한 지각이나 감상 능력, 오래된 용법(현재는 사용되지 않음): 예술적 판단에 관한 능력 또는 취향(taste).

  용례: sense of humour(유머 감각)

  ※ 앞서 《위즈덤 영어사전》은 미국 영어를 채택하기 때문에 humor라는 스펠링을 쓰고, 《옥스퍼드 영어사전》은 영국 사전이므로 humour라는 스펠링을 쓴다.

과연 그렇다. 여기서 키워드는 '직관적'이란 단어다. 그리고 두 번째 항목에 있는 '특정 상황'과 같은 표현이 실제적이라는 걸 보여주는 것 같다. 명확한 근거가 있다기보다는 그 자리에서 감을 발동시킨다고 할까, 눈치를 채는 것이다.

그리고 지금은 쓰이지 않는 용법으로 '예술적 판단에 관한 능력 혹은 취향'이라고 쓰여 있다 보니, 이런 생각이 들 수도 있다. "아니 이거, 예술 센스라고 말하는 거 아냐?" 하지만 여기에는 전문적인 견해가 필요하며 taste라고 하는 개념이 핵심이다. 테이스트(taste)는 대개 '취미'라고도 번역하는데, 일본어로 '취미'라고 하면 보통은 영어로 '하비(hobby)'를 의미한다. 하지만 여기서 테이스트라는 건 '취향'이란 미학 전문용어다. 18세기에 흔하게 쓰이던 말로, '좋은 취미를 가지고 있다, 곧 예술을 보는 안목이 있다'란 뜻이다. 시시콜콜한 이야기지만, '그 오래된 문맥에서 taste와 같은 의미로 쓰이는 sense'는 지금은 폐기되었다고 생각한다.

그러나 미학 분야에서는 지금도 전문적 의미에서의 '취미론'에 관한 논의가 계속되고 있으며 시대에 뒤떨어지지 않았다.

지금 sense라는 단어를 검색해보면 예술과 관련지어 쓰는 것을 많이 찾아볼 수 있다. 그것은 과거의 '취미'보다 더 넓은 의미를 지니고 있다.

전문적으로 좀 보충하자면, 미학과 예술론에서 오래전부터 문제가 되어온 테이스트, 혹은 취향 문제를 염두에 두고, 센스라는 말을 더 넓은 의미에서 고찰하는 것이 이 책이라고 생각한다.

더 깊이 들어가면 미궁에 빠질 수 있으니 적당히 여기까지만 해두자.

중요한 건 직관적이라는 것이다. 여기서 센스라는 개념은 '감각'과 '사고'를 연결하는 것처럼 보인다.

그게 무슨 뜻일까? 이것은 직관이라는 개념의 역사에 관한 것인데…… 미궁에 빠지는 걸 피하려 해도, 어두운 역사가 어른거리고 있어 직관이라는 개념의 역사를 추적하는 것은 어려운 일이다. 나는 고대 철학에 관해서는 전문가가 아니어서 대략적인 이야기밖에 할 수 없다. 그리고 이는 어디까지나 서양 세계에서 일어난 이야기다.

고대에는 '직관적으로 단번에 사물의 본질을 알 수 있음'이라는 것이 중시되는 측면이 있었다. 하지만 '순서에 따라 추론하는 것'이 중요하다는 점에서 양자의 관계는 복잡하다. 섣불리 추론했다가 오히려 틀릴 수 있다, 역시 중요한 것은 직관이라고 하는 논의도 있었던 것 같다. 그러나 그 후, 진정한 직관은 인간에게는 불가능하고, 그렇게 할 수 있는 것은 신뿐이라는 식으로 인간의 능력은 평가절하되었다. 인간은 이렇게 저렇게 '사고하는' 반면, 순발력이 필요한 사안은 '감각' 쪽으로 기울어진다. 그러다가 근대(17세기~18세기)에 이르러 반짝하고 느끼는 것은 잘못된 것일 가능성이 있으니 얌전히 멈춰 서서 생각하라, 조사하고 생각하라, 하는 식의 사고가 주된 흐름이 됐고, 그렇게 지성을 이해하는 방식이 지금까지 이어지고 있다.

그러나 '반짝'하는 순간적 판단은 곰곰 생각하려는 중에도 일어날 것이며, 혹은 반대로 현대의 뇌과학에서는 뭔가를 보거나 맛보는 감각이란 정보가 뇌에서 처리되는 것이며, 의식할 수 없는 추론이 —즉 계산이 이루어지고 있다고 파악하는 것이— 일반적이다.

종합적으로 말해서 이 정도로만 이해해두자. "'감각적 사고' 내지 '사고적 감각'이 작동하고 있으며 그것을 '직관적'이라고 말하는데, 그것이 잘 작동하는 것을 센스라고 한다."

영어 단어 sense 이전에 라틴어 sensus가 있었는데, 그 고대어도 영어와 마찬가지로 다의적이어서, '감각'이자 '의미'이며, '판단력'과 '이성'을 가리키는 말이었다.

'고르는 센스'에서 출발한다

여기까지가 사전 준비였다. 정리해보자.

- 센스는 '직관적으로 아는' 것으로 다양한 사안에 걸친 종합적인 판단력이다. 직관적이고 종합적인 판단력, 그리고 감각과 사고를 연결하는 것과 같다.

그렇다면 이 정의에 기반을 두고 본론으로 들어가 보자.

이 책에서는 '센스'라고 할 때 '고르는 센스'부터 시작하고 싶다. 어떤 것을 고르고 어떤 것을 조합하는가?

'그림을 그리는 센스'라고 하면 백지 위에 선을 그어 아무것도 없는 상태에서 무언가를 만들어내는 센스가 중요하다고 생각할지도 모른다. 하지만 아무것도 없는 상태에서 만드는 것은 미술도 음악도 아니다. 아는 작품이나 보고 들은 경험, 어떤 인상 등의 소재가 있고 그것을 기억해내서 선택하고 조합하고 변형하며, 거기서 훌쩍 날아올라(飛躍) 내 작품을 만드는 것이다. 이렇게 창조 행위의 밑바탕에는 '선택'이 있다.

다시 말하거니와, 이 책에서는 예술과 일상생활을 연결해서 생각한다. 삶을 예술적으로 바라보는 것이다. 또 반대로 예술을 대단한 것으로 치켜세우는 게 아니라(물론 '대단한' 예술작품은 있겠지만), 말하자면 '예술을 생활면에서 이해하는' 작업이기도 하다.

일상생활에 필요한 것들도 처음부터 만드는 게 아니라 보통 쇼핑해서 산다. 쇼핑이란 물건을 고르는 것이다. 의자를 고른다든지 더 작은 물건이라면 부엌에 파스타를 보관하는 유리병을 어떻게 고를 것인가 하는 일상적 선택, 그리고 그림을 그릴 때 형태를 어떻게 조합할 것인가 하는 이야기는 서로 연결되어 있다. 먼저 이러한 연결을 생각해보라.

그리고 이 책에서는 만드는 것과 보는 것, 즉 제작과 감상을 구별하지 않는다. 아니, 감상하는 편에서 접근하여 제작에도 도전할 수 있도록 안내하고 서서히 제작자 시점에서 감상할 수 있도록 하겠다.

감상이란 측면에서 보면 의미만 생각하는 사람들이 많게 된다. 하지만 물건을 만들 때는 의미가 생기기 전, 그저 재료를 모아 조립하는 '의미가 생기기 전 단계'에 눈을 돌리게 된다. 그 점이 중요하다.

센스가 '무자각(無自覺)'인 상태

'센스가 나쁘다'라는 건 별로 쓰고 싶지 않은 표현이다. 그래서 '센스가 자각되지 않은 상태'라는 말을 출발점으로 삼아보자.

처음에는 '센스가 자각되지 않은 상태'인데, 거기서 센스에 눈을 떠 자각하는 상태가 되는 것이다.

즉, 맨 처음에는 사물의 선택과 조합이 자각되지 않은 상태에 놓여있다. 거기에서부터 좀 더 의식적인 상태로 변하는 것이다.

그렇다고 해서 센스에 관하여 '의식을 일깨워주는' 것이 이 책의 목표는 아니다. 선문답 같은 이야기지만, 지나치게 의식적인 선택이나 작품은 오히려 뭔가 부족하다는 느낌이 든다. 오히려 '무의식'이 필요하다. 무의식이야말로 센스를 풍부하게 만든다. 이에 관해서는 이야기가 진행되면서 궁리하게 될 것이다.

우선은 센스에 관해서 어떤 의식을 가지느냐, 하는 것을 설명하겠다.

'잘하느냐 못하느냐'에서 '헤타우마'로

'잘 그린 그림'이란 무엇인가? 대상을 똑같이 묘사하는 것이 기본적인 의미에서 '잘 그렸다'라고 생각한다. '잘 그린다'라는 것을 그렇게 이해하는 사람들이 참 많다. 사진에 찍힌 것처럼 그리거나 애니메이션 캐릭터를 복사한 것처럼 그대로 그리는 것 말이다.

그런데 다른 한편으로 사진처럼 그린 그림만 '잘 그린' 것으로 생각하지 않는 사람들도 많다. 인기가 아주 많은 모네와 고흐의 그림은 풍경과 물건을 사실적으로 그리려 하지만, 사진 같지 않고 개성 넘치는 맛이 있다. 모네의 그림은 붓 터치가 거칠어 사물의 형태가 분명하지 않은 경우도 많다. 반 고흐가 그리는 형태에는 바로 반 고흐임을 알 수 있는 개성 만점의 왜곡이 있는데, 거기에는 에너지가 가득 차 있는 것처럼 보인다.

어쨌거나 사진과 같은 정확성에서는 어긋나 있지만, 그 어긋남이 매력이며, 그 어긋남이 유머러스하다고 해서 이른바 '헤타우마*'가 된다. '헤타우마'의 대표적 화가가 피카소일 것이다. 물론 피카소 역시 사실적인 그림을 그리던 시기가 있었지만 말이다. '헤타우마' 경향이 심해지면, 아마추어가 어렴풋이 기억나는 대로 그린 어설픈 애니메이션 캐릭터조차 SNS에서 화제가 되기도 한다.

중요한 것은 이 '헤타우마'다.

---

* '헤타우마'란 일본어로 서툴다는 뜻의 '헤타(下手)'와 솜씨가 좋다 혹은 잘한다는 뜻의 '우마(上手)'가 합쳐진 말로, 기술적인 면은 부족한 듯 보이지만 그것이 개성과 맛이 되어 사람을 걷잡을 수 없이 끌어당기는 매력적인 작품 혹은 얼핏 솜씨가 없는 것처럼 보이지만 실은 솜씨가 좋은 작품을 가리킨다_역주

그러나 세간에는 사진과 같은 재현을 '잘 그리는' 것으로 간주하는 가치관이 매우 강력하다. 이것은 어떤 모델을 잘 베꼈다는 뜻으로, 실제 모델과 똑같아서 무심코 만지려고 손을 뻗게 될 정도의 '속임수 그림' 같은 것이다.

그렇다면 '못 그린다'라는 것은 무슨 뜻일까? 못 그린다는 것은 대상을 재현하려 해도 충분히 재현할 수 없다는 뜻이다. 이 경우 중심적인 것은 재현이며, 거기에서 개성의 차이가 드러난다고도 할 수 있지만, 그 차이(어긋남)는 재현에 대한 부정적 실수로만 존재하는 상태가 된다. 무슨 뜻인가 하면 진짜 똑같이 그리고 싶은데도 똑같이 그리지 못하는 상태로만 개성이 존재하는 것이다. 이것이 '못 그린다'의 의미다. 이 '못 그린다'와 못 그린 것처럼 보이지만 잘 그리는 '헤타우마'는 다르다.

내 나름대로 정의를 내려보자면, '헤타우마'란 재현이 중심에 놓이지 않고 자신의 선(線)의 움직임이 앞서는 경우를 말한다. 그렇다고 재현성이 없는 것은 아니다. 선의 운동이 주를 이루되 거기에 재현성도 포함되는 식이다. 대상을 재현하려 했음에도 재현하지 못했을 때가 아니라, 자유로운 운동 속에서 뭔가를 포착할 때, 그 개성을 '헤타우마'라고 부른다는 얘기다.

그렇다면 극단적인 말이지만, 예술이라고 하는 모든 것은 '헤타우마'에 속한다고 해도 과언이 아닐 것이다. 모네도 고흐도 말하자면 다 '헤타우마'인 셈이다.

센스가 자각되지 않은 방

여기서 방의 실내장식이나 가구의 선택을 생각해보자. 예술에서 생활로 무대를 옮겨보자는 얘기다. '센스가 무자각인 상태의 방'이 있다면 그 방은 못 그린 그림에 견주어 볼 수 있다. 앞서 얘기했던 사고를 여기에 적용해보자.

'센스가 무자각인 상태의 방'이란, 이상적인 모델을 설정하고 '그런 방으로 만들고 싶다'라는 재현이 주를 이루되, 그것이 뜻대로 되지 않아 자각하지 못한 상태에서 어긋남이 생겨나고 결국 어설픈 방이 되는 것을 가리킨다. 게다가 그 차이가 그 사람의 존재감을 자각 없는 상태에서 드러낸다.

예를 들어 유럽풍의 고급스러운 방을 목표로 하여 오래된 느낌의 장식이 있고, 골동품 같지만 진짜 골동품은 아닌 테이블이나 샹들리에 같은 조명이라든지 어중간한 아이템을 모아 그럴싸하게 만들려고 하면, 오히려 진짜가 아닌 것이 눈에 들어온다. 그때 묘하게 느껴지는 것은 고급스러움의 지향이 아니라 거기에 스며들어버린 생활감이 아닐까 싶다.

센스는 헤타우마다

자, 이제 공식화해볼까. '못 그린 그림'에 견줄 수 있는 방에는 두 가지 요소가 있다.

• 불충분한 재현성 + 자각하지 못한 채 나오는 신체성

이 상태에서 느낄 수 있는 것이 이른바 '생활감' 아닐까.

하지만 그게 나쁘다는 말은 아니다. 어떤 의미에서 그것은 '센스가 좋은' 상태와 구별된다는 얘기일 뿐이다. 그리고 미리 말해두자면, 이 책에서는 최종적으로 자각하지 않은 상태에서 나오는 신체성(身體性)을 새삼 중시하게 된다. (마지막 제8장 참조)

먼저 '불충분한 재현성', 즉 '모델을 재현하려 했으나 하지 못했다'라고 하는, 뭔가에 접근하려는 운동을 그만두자고 제안하고 싶다.

그래서 이 제1장에서는 센스를 다음과 같이 정의한다.

• 센스란 그냥 잘하는 게 아니라, 못하는 것처럼 보이지만 잘하는 헤타우마다.
• 예술에서도 헤타우마, 생활에서도 헤타우마. 우선 그런 이미지에서 시작한다.

헤타우마란 아이들과 같은 선(線) 운동으로 돌아가는 것이다.

아이는 처음에 자유분방하게 손을 움직여서, 어른의 눈으로 보면 추상화처럼 약동하는 선을 그리기도 한다. 그런 다음 명확한 형태를 그리고 의미가 생긴다. 위에 삼각형을, 그 아래에 사각형을 그리면 '집'이라든가, 동그라미 안에 세 개의 점을 그리면 '얼굴'이라든가 하는 식으로. 이것은 언어의 발달과 관계가 있으며 아이는 어떤 이름에 대응하는 그림을 그리게 된다. 그림이 '기호'가 되고, 이전의 폭발하는 듯했던 선 에너지는 억눌리고 만다.

흔히 예술가에게는 아이와 같은 자유가 있다고들 하는데, 그것은 기호화하기 이전의 자유를 가지고 있고, 거기로 돌아갈 수 있다는 뜻이리라.

실내장식에 관해서 이야기하자면, 가짜 고급스러움 같은 것도 기호와 얽혀 있다. 그러니까, 의미에 얽매여 있다는 뜻이다. 앤티크풍이긴 하지만 진짜 골동품이 아닌 테이블은 '앤티크풍'이라는 의미가 메인이며, 그 테이블 자체를 충분히 긍정한 것은 아니다. 실제로는 골동품을 원했지만, 그 대체재가 존재한다. 그래서 그 테이블은 '반쪽의 존재'와 같은 것이다. 그렇다면 같은 값싼 물건이라도 그 자체로 긍정할 수 있는 물건을 사는 게 좋지 않을까 싶다.

기준점 자체를 바꾼다

자, 지금까지 '센스가 자각되지 않은'이라는 말로 설명했는데, 이것이 '센스가 나쁘다'에 대응하는 말이다. 다만 그러한 상황은 바꿀 수 있다.

센스가 나쁜 것은 재현성이 부족하기 때문이다. 즉, 재현성에 너무 사로잡혀 있다는 견해는 여러 분야에서 찾아볼 수 있다고 생각한다. 피아노를 잘 치려고 해도 초보자는 전문 피아니스트에게 절대로 상대가 되지 않아서, 피아노를 잘 치려고 기준점을 잡은 이상 초보자는 언제까지고 그저 초보자에 머물 뿐이다. 그런 사람들이 피아노로 데뷔할 수는 없을 것이다.

하지만 그러한 시도를 그만두고 오히려 자기 기준을 바꾸면 '그건 그거야,' 하는 이야기로 끝나게 된다. 기준점이 바뀌는 것이다. 그렇게 되면 자신의 센스로 음악을 만들 수 있게 된다. 예를 들어, 사카구치 교헤이(坂口恭平)*가 하는 일도 그렇다고 할 수 있다.

아니면 밴드 활동에 관해 생각해볼 수도 있다. 연습하려면 카피 밴드를 결성하는 것도 필요하지만, 프로가 되는 데는 한계가 있다. 카피 밴드를 계속하거나 J-pop과 같은 일종의 전형적인 음악을 목표로 완성도를 높여감으로써 떡 벌어지게 데뷔하는 사람들도 간혹 있겠지만, 그 한

---

* 사카구치 교헤이는 노숙자가 사는 집의 건축적 형상과 기능을 연구하고 그 결과를 《0엔 하우스(0 円ハウス)》라는 사진집으로 발표하는 등, 편견에 사로잡히지 않는 작업을 하는 일본의 건축가다._역주

계를 돌파하지는 못할 사람들도 아주 많을 것이다. 그렇다면 이제 기준점 자체를 바꿔버리는 편이 좋다.

전혀 다른 지점에서 출발해 자기가 할 수 있는 범위 안에서 최대한 독창성을 시도함으로써 같은 기준으로 경쟁하는 사람들의 경쟁에 섞이지 않고, 다른 경로로 데뷔하는 것도 가능하다.

그래도 역시 주된 흐름의 음악을 하고 주류로 데뷔하기를 절실히 바라는 사람들은 수없이 많다. 하지만 내 생각에는, 일단 그러한 작품을 만들려는 시도를 그만둬야 비로소 그런 방향으로 작품을 만드는 것도 가능하다고 생각한다. 다시 말해, 일단 '헤타우마'를 지향해야만 오히려 사물을 있는 그대로 그려낼 수도 있다는 뜻이다.

이 첫 장에서 먼저 하고 싶었던 말은 다음과 같다.

•모델의 재현을 그만두는 것이 센스의 자각이다.

다시 말해 재현을 지향하지 않고 아이의 자유로움으로 돌아가는 것, 그것이 바로 헤타우마다. 물론 모델을 지향하는 것은 자연스러운 일이다. 인간은 주변에 있는 사람이나 보고 들은 것을 참조하여 자아를 형성하기 때문이다. 다만 어떻게든 같아지고 싶다는 '재현 과잉'의 경향에서 벗어났으면 하는 것이다. 모델이 있기는 있다. 하지만 그 모델을 복제

하려고 하기보다 모델은 한쪽에 밀어두고 일단 그 모델을 보면서 그 앞
에서 다른 일을 한다. 이는 모델에 대한 '자세'가 변한다는 얘기다.

'센스가 없다'고 하면 능력의 문제처럼 들린다. 반면에, 센스가 '무자
각' 상태라고 말한 이유는 자세를 바꾸면 센스에 자각이 일어날 수 있
다고 말하고 싶었기 때문이다. 모델이 있다고 해도 재현하려고 하지 말
고 바로 그 전에, 즉 어린아이로 돌아가 헤타우마라도 좋으니 자기 나
름대로 시도해보라는 것이다.

모델 재현을 그만두는 것, AI '학습'

센스의 좋고 나쁨은 종종 문화자본에 좌우되는 것 같다고 「들어가기에
앞서」에서 말했다. 문화자본이 많다는 것은 다양한 작품을 감상하고
읽어서 빅 데이터를 축적하는 것으로, 이는 모델이 얼마든지 많아서 특
정한 모델에 집착하지 않게 된다는 뜻이기도 하다. 수많은 데이터가 있
고, 그것을 충분히 소화하면 재현하려는 시도를 쉽게 그만둘 수 있다.

우리가 살아가는 동안 교양을 익히려고 다양한 것을 보고 읽으면 수
많은 것들을 재현하고 싶어지는 단계에 접어든다. 대개 누구나 그 단계
를 경험하지만, 거기서 정체되거나 어떤 의미에서 거기 안주해버리는

사람이 많은 것처럼 보인다. 그 시기를 어떻게 통과하느냐가 중요하다.

'소화한다'라는 것은 받아들인 데이터가 그 자체로서 모델이 되는 단계를 통과했다는 뜻이다. 이때 뇌 안에서 어떤 처리가 이루어지는지는 모르지만(아마 뇌과학에서도 앞으로 연구할 테마라고 생각한다), 어쨌든 적당한 망각, 생략, 어떤 특징의 강조 등이 관건이라고 생각한다. 그리고 데이터의 양이 많으면 많을수록, 즉 문화자본이 많으면 많을수록, 특정 모델에 치우치지 않는다.

이 설명을 듣고 눈치챈 사람도 있을지 모르지만, 이것은 인공지능(AI)에 의한 생성에 관련된 이야기와 비슷하다. AI는 텍스트든 이미지든 대량의 데이터가 일단 존재하고, 그 데이터를 '학습'한 결과로부터 새로운 것을 생성한다. 그 생성물은 원본 데이터의 복사본이 —잘라내기, 붙여넣기가— 아니다. 학습이란 추상화(抽象化)하는 과정으로, 대량의 데이터를 —즉, AI의 문화자본(!)을— 일단 추상화한 다음, 기술적으로 말하면 데이터의 특징을 다차원으로 수치화함으로써 거기에서 뭔가를 생성한다.

모델의 재현을 지향하지 않는다는 말은, 마치 인공지능처럼 '학습'을 거친 다음에 새로운 것을 생성한다는 의미다. 이때의 학습이란 모델을 좀 더 정확하게 이해하려고 '노력하는 방향'이 아니라, 오히려 망각하고 생략하고 과장하는 것이 핵심이다. 뺄셈을 닮은 학습이라 할 수 있을지도 모른다. 그렇다면 그 처리 과정이 인간에게는 어떻게 일어나는가? 시간을 들이고 내버려 두는 수밖에 없다. 데이터를 '인풋'하고 하루하루를 보내는 과정에서 점차 뇌에서 그 처리가 이루어진다. 거기에 속도를 붙일 수 있느냐, 하는 것은 미묘한 부분이다. 하지만 교양을 쌓는다는 것은 인풋 그 자체를 재현하듯이 응용하는 것이 아니라는 사실을 이해하는 데 의의가 있다.

이 책은 '센스가 좋아지는 책'이라고 했다. '재현하지 않는다'라는 최소한의 자세 변화만으로도 첫 단계, 혹은 제로 단계에서 센스가 좋아졌다고 할 수 있다. 그것이 이 책의 생각이다. 그러한 자세를 가지면 다양한 것을 인풋할 때 효과가 달라지리라고 생각한다.

재현을 그만둔다. 모델이 있다고 해도 그것을 추상화하여 다룬다. 추상화란 의미를 빼내는 것이기도 하다. (AI의 경우에는 단순히 '양'으로 환원한다)

그래서 다음 장에서는 의미의 앞부분에 관해 생각해보겠다.

의미의 앞부분, 그것은 한마디로 말해서 '리듬'이라고 생각한다. 어떤 그림이 무엇을 상징하고 있는지, 어떤 소설이 무슨 메시지를 전달하고 있는지가 아니라 거기서 펼쳐지고 있는 형태나 운동이 그 자체로서 얼마나 재미있는지를 느낀다. 형태, 소리, 맛 등이 그저 즉물적으로 어떻게 구성되어 있는가. 그것을 리듬이라고 부르고 싶다. 다음 장에서는 그런 의미에서 모든 장르를 가로지르는 리듬을 생각해보려 한다.

제2장

리듬으로
파악한다

의미에서 강도로

'모델에 맞추려고 해도 다 맞추지 못한다'는 것은 나쁜 의미에서 어긋
난 것이며, 그것은 센스가 나쁘다는 의미로 간주된다. 그렇다면 애초에
모델을 목표로 하지 말고 자신의 적극성을 긍정하는 '헤타우마'면 되지
않을까? 나는 1장에서 그렇게 설명했다.

    어떤 모델을 목표로 한다는 것은 그 모델이 갖는 의미를 찾고 그 의
미를 자기 것으로 만들려고 한다는 뜻이다. 제1장의 예를 들자면, 방을
유럽풍으로 꾸미고 싶을 때는 귀족적인 것, 전통적인 것, 우아한 것의
의미를 구한다. 마찬가지로 패션이나 그림에서도 의미를 찾으려 한다.
하지만 이 책에서는 의미보다는 사물이 그 자체로 얼마나 재미있는가
하는 관점을 중시한다. 여기서 말하는 '그 자체'가 리듬이다.

    • 모든 것을 리듬으로 파악하는 것, 그것이 센스다.

    그렇다면 리듬이란 무엇인가.

    잠깐 옆길로 새어보자. 1990년대 사회학자 미야다이 신지(宮台真司)
는 '의미에서 강도로'라는 문구로 유명해졌다.

    미야다이가 주목한 것은 당시 '코갸루(コギャル)*'라고 불리던 여중고

---

* 코갸루는 머리를 갈색으로 염색하고, 교복 치마 길이를 짧게 하고, 루스 양말을 신는 등 독특한 패
   션·생활 방식 등을 동시대 문화로 공유하는 여고생을 가리킨다_역주

생들의 생활이다. 특별히 뭔가를 목표로 하는 것이 아니라, 즉 뭔가 '의미 있는 일'을 하려는 것이 아니라, 패밀리 레스토랑에서 적당히 빈둥거리거나 그때그때 즐겁기만 하면 되는 삶을 사는 것 말이다. 그 느낌을 '느긋하다'라고 했는데, 그 여학생들은 그저 느긋하다는 것이 삶을 얼마나 풍요롭게 하는지 가르쳐주었다. 그것을 미야다이는 '느긋한 혁명'이라고 부르며, 특별히 무엇을 목표로 하고 있지 않은 느낌을 '강도(強度)'라는 개념으로 표현했다.

'강도'는 요즘 말로 표현하면 '감성적이다(エモい)'라는 말에 닿아 있다고 생각한다. 뭔가 아리송하게 좋은 느낌. 그건 '의미'가 아니다. 의미가 아니라 서서히 좋아지는 느낌이나 두근거리는 느낌을 '강도'라 부른 것이다. 참고로 미야다이는 이 '강도'라는 용어를 철학자 질 들뢰즈(Gilles Deleuze)에게서 가져왔다. 들뢰즈는 내 전문 분야인데, 개략적으로 말하자면 들뢰즈는 의미가 아니라 '존재감'이라고 할까, 그저 그 자체의 가치 같은 것을 말할 때 '강도'라는 개념을 사용했다.

이 '강도'를 '리듬'이라고 바꿔 말하고 싶다.

'강도'라는 말을 들으면 '강한' 것이 중요하다고 생각할지도 모르지만, '강도'에는 강한 것과 약한 것이 담겨 있다. 강한 부분이 있으면 약한 부분이 있고, 그 강한 부분과 약한 부분이 바뀌는 것을 리듬이라고 할 수 있다.

강한 부분과 약한 부분이 '나열된' 것, 그 '나열된' 것이 리듬이다.

예를 들어 패밀리 레스토랑에서 느긋하게 앉아 있다고 하자. 뭔가 우스갯소리에 웃음이 터지며 분위기가 달아오르고, 그 후에는 마음이 차분해져서 다 같이 차를 마시면서 "이 차 맛이 좀 이상하지 않아?" 하며 싱긋 웃는다. 그리고 또 한 사람이 강렬한 이야기를 꺼내면 감정이 오르락내리락하는데, 느긋한 시간 속에서 파도가 일며 감정의 기복을 즐기는, 말하자면 감정의 서핑을 하는 것이다.

우선 이렇게 리듬을 '감정의 서핑'으로 이해했으면 한다.

이제부터 여러 장르에서 생각해볼 텐데, 우선 리듬이라고 하면 역시 음악이다.

음악에서 리듬은 소리가 울리는 것과 멈추는 것의 교대이자, 온(on)과 오프(off)의 교대이며, 혹은 강과 약의 교대다. 예를 들면 '둥둥둥'하고 낮은 소리가 이어지고 그 뒤에 '팍'하고 높은 소리가 들린다. 그렇게 되면 '둥둥둥팍', '둥둥둥팍'처럼 3+1이 한 세트의 패턴이 되는데, 음악의 기본은 시간의 흐름 속에서 리듬의 조화가 반복되거나 거기에서 일탈이 일어나는 것이다.

형태도 멋도 리듬이다 - 조명 스탠드와 만두

음악은 시간적인 예술이지만, 이번에는 공간적인 것을 생각해보자. 가령 사물의 형태를 생각해본다. 책상 위의 조명 스탠드는 어떤가.

아래에 동그란 받침대가 있고 위로 시선이 갈수록 오므라들며 가느다란 기둥이 위로 쭉 뻗어간다. 그다음엔 전등갓 부분이 나오고 다시 확 열린다. 이렇게 사물을 볼 때도 시간을 따라 전개되는데, 물체에는 펼쳐져 있는 부분과 접혀 있는 부분이 있고 튀어나온 부분과 들어간 부분이 있다. 굴곡이 있는 조합으로 만들어졌다고 말할 수 있는 것이다.

음악에서의 리듬도 굴곡의 일종이며, 그것은 사물의 들어가고 나오는 부분과 추상적으로 말하면 같다고 생각해보라.

리듬이라는 말은 고대 그리스어 '리트머스(rhythmos)'에서 왔는데, 이 말에는 원래 '형태', '균형', '상태'라는 의미가 있었다.

사물의 형태는 굴곡, 즉 리듬이다.

조명 스탠드이든 머그잔이든 둥글게 넓어진 부분, 오목하게 좁아진 부분, 구멍, 손잡이의 곡선 등등 수없이 튀어나온 부분(凸)과 들어간 부분(凹)의 리드미컬한 조합으로 이루어져 있는데, 이것은 한마디로 '음악'이라고 해도 좋다.

음악을 들으면서 '이 곡은 나랑 잘 안 맞네'라고 할 때의 리듬에 어긋나는 것 같은 느낌과 가게에서 머그잔을 고르면서 '아, 이거 어딘지 좀 어색하네'라고 생각하며 머그잔을 내려놓는 느낌이 같다는 것이다.

또 다른 예를 들어보자. 맛의 리듬이다.

먹을 때도 입안에서 다양한 매개변수가 나타난다. 나는 우쓰노미야 출신이니까 만두를 예로 들어 얘기하겠다.

우선 만두를 입에 넣는 순간 열기가 느껴진다. 뜨겁다. 바삭바삭한 표면을 씹으면 껍질이 갈라지며 안쪽의 부드러운 부분이 나온다. 처음에는 강한 열과 바삭함이라는 자극이 느껴지다 곧이어 부드러움으로 완화되고, 그다음에는 고기 맛, 마늘 맛, 여러 가지 맛이 동시에 들어온다. 양념장도 잊어서는 안 된다. 간장 맛이 주를 이루지만 식초의 신맛과 코끝에서 톡 쏘는 향에 고추기름의 매운맛도 난다……. 이처럼 크게 말하면 강한 자극과 부드러운 자극으로 나눌 수 있는데, 그런 자극이 다양하게 번갈아 가며 나타난다. 강하게 '팡' 터지는 자극과 더 부드럽게 '찹'이라고 할 수 있는 지속적인 자극이 리듬이 된다. '팡, 팡, 팡, 찹……' 같은 느낌이다.

만두의 리듬은 복잡하고 다층적으로 얽혀서 전개된다. 음악이다. 만두는 음악인 셈이다.

여러 개의 흐름을 '다중 녹음'처럼 포착한다

크게 말하면 같은 자극이 반복되는 규칙성, 그리고 그것이 중단되거나 혹은 다른 유형의 자극이 들어오는 일탈. 이러한 '규칙과 일탈'의 조합으로 리듬이 만들어진다. 바꿔 말하면 '반복과 차이'가 리듬이다. 내가 전문적으로 연구해온 철학자 들뢰즈에게는 《차이와 반복(Différence et répétition)》이라는 저작이 있는데, 이를 의식하고 앞으로는 주로 '반복과 차이'라는 표현을 쓰려고 한다.

그리고 리듬은 대개 복잡하고 다층적이다.

음악의 경우를 생각해보라. 평소 우리가 듣는 음악은 복잡한 리듬이 얽혀있어 단순한 음악을 듣는 일은 거의 없지만, 예를 들어 북을 한 번 치는 경우가 있다고 하자. 그렇다면 '둥둥·둥·쉬고', '둥·둥·쉬고' 같은 한 종류의 흐름밖에 없는 셈이다.

여기서는 '리듬의 흐름'이라는 방식을 사용해서 파악해보자.

만두를 먹을 때도 리듬의 흐름이 여러 개 있다고 할 수 있다.

뜨거움의 리듬, 단단함과 부드러움의 리듬, 짠맛의 리듬, 신맛의 리듬 등 여러 종류의 흐름이 있고 서로 겹쳐지거나 얽혀 있다. 음악을 만들 때의 다중 녹음에다 그런 상황을 비유해보고 싶다.

여러 가지 악기를 '트랙'에 따로따로 녹음한 뒤에 여러 트랙을 동시에 올리는 것이 다중 녹음이다. 트랙이 여러 개 겹쳐서 층을 이루는 것을 '멀티 트랙'이라고 한다. 요즘은 어떤 음악을 만들든지 이 기술을 사용하는 게 일반적이다.

그래서 음악 제작을 한다고 치고, 어떤 '리듬의 흐름'이 하나의 트랙에 들어 있고, 다른 리듬의 흐름이 다른 트랙에 들어 있는…… 식으로 멀티로 겹쳐 있다고 생각해보자.

만두를 여기에 빗대어 생각해보자.

입에 넣은 최초의 시점에서, 뜨거움의 트랙에 붉은색 램프에 불이 번쩍 들어온다. 그 후, 바삭바삭한 트랙에서 램프가 켜지고, 짠 트랙에서 램프가 켜지고…… 이런 느낌으로 다른 트랙에서 자극이 켜졌다가 꺼졌다가 하며 전개된다.

아래의 그림을 보자. 예전에 테이프에 녹음하던 시절에는 MTR(multi-track recorder)이라고 불렸지만, 그 후 PC상의 '시퀀서(sequencer)' 소프트웨어가 발전해, 현재는 DAW(digital audio workstation)가 사용되고 있다.

여기서는 멀티 트랙으로 편집하는 것을 시퀀서라고 부르기로 하자. 아래의 그림과 같은 느낌이다.

시퀀스(sequence)라는 영어는 '일련의 흐름'이라는 의미이고, 시퀀서란 '일련의 흐름을 만드는 것'이다.

시퀀서에는 여러 개의 트랙이 있으며 각각 다른 악기가 할당된다. 각 트랙에는 파형이 나오는데, 단순히 선으로 되어 있는 건 소리가 나오지 않는 상태이고 부풀어 오른 곳은 소리가 나오는 것이다. 이 그림을 보면 어떤 곳에서는 소리가 나는 악기가 있고 나지 않는 악기가 있으며 동시에 울리기도 하고, 어떤 곳에서는 뒤바뀌기도 한다는 것을 알 수 있다. 드럼이 있고, 기타가 있고, 신씨사이저(synthesizer; 합성기)가 있고, 노래가 있다.

그렇게 멀티 트랙으로 곡이 만들어지는데 일부는 모두 동시에 울리기도 하고, 일부는 드럼만 나오는 식으로 번갈아 가며 진행된다. 그런 흐름, 즉 시퀀스를 이런 소프트웨어를 사용하여 구성하는 것이다.

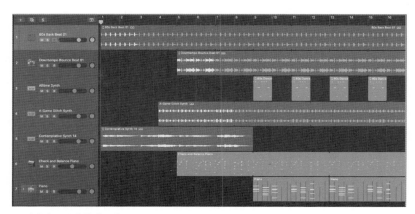

▲ 시퀀서(DAW)의 멀티 트랙

요즘은 영화도 비슷한 소프트웨어로 제작한다.

영화의 경우 영상 트랙과 소리 트랙이 있는데, 촬영해 놓은 여러 장면을 옆으로 나열해 놓고 구성한다. 가령 처음에는 A와 B 두 장면을 나란히 놓을 생각이었지만, 역시 그사이에 시점을 살짝 바꾸는 다른 장면 C를 끼워 넣고 싶으면 A→C→B 순서로 간단하게 재배열할 수 있다. (예전에는 필름을 실제로 잘라서 붙여넣었지만, 지금은 디지털이라서 컴퓨터로 간단히 작업할 수 있다)

거기에 오디오 트랙으로 BGM을 겹치고, 효과음 트랙으로 뭔가 충돌하는 소리를 겹쳐놓는 느낌이다. 이처럼 메인 영상, 배경음악, 효과음이라는 세 개의 트랙을 겹치면 영화 한 장면을 만들 수 있다.

이 멀티 트랙의 상태를 상상하면 쉽게 생각해볼 수 있을 것이다.

우리 인간의 경험도 이런 게 아닐까, 생각해본다. 각 트랙의 어떤 사건이 일어나고 있는 곳(소리나 영상이 있는 곳)이 튀어나온 부분이고 없는 곳이 들어간 부분이어서, 튀어나온 부분과 들어간 부분이 멀티 트랙으로 전개되고 있다는 얘기다. 만두를 먹을 때는 뜨거움, 짠맛, 신맛 등 여러 트랙에서 볼록한 부분과 우묵한 부분이 번갈아 가며 생기는데, 그것도 파형(波形)이라고 할 수 있다.

최소한의 센스 – 리듬의 재미를 깨닫는다

패밀리 레스토랑에 느긋하게 앉아 있는 '코갸루'의 감정도 파형과 다르지 않다.

다양한 화제, 눈에 보이는 것, 맛, 온도의 감각 등 다양한 리듬의 흐름이 있고, 그 리듬은 각각 다른 트랙의 파형이 되며, 그 파형들이 합쳐지면 그 느긋한 상황의 교향곡 같은 것이 만들어진다. 감각을 이렇게 복합된 시퀀스로 파악하자.

그렇다면 센스란 무엇인가. 다양한 장르에 걸친 센스는 추상적인 의미에서 음악적 리듬으로 파악할 수 있다.

- 음악이든, 미술이든, 실내장식의 배치든, 요리든, 그 '리듬의 다차원적인 멀티 트랙에서의 배치'를 의식할 수 있는 것이 센스다. 그 배치가 재미있다면 센스가 좋다는 뜻이다.

그렇다면 센스가 좋다는 건 '다양한 일과 관련된 추상적 리듬감이 좋다'는 뜻인데, 그에 관한 얘기는 일단 옆으로 제쳐놓고 싶다. '좋은' 센스에 관해서는 제6장에서 고찰하게 될 것이다. 우선 사물을 의미란 측면에서 어떻게 할 것인가가 아니라, 거기서 벗어나 굴곡의 문제, 즉 리듬의 문제로서 '어떻게 배치할 것인가'를 의식하여 바라보기 시작하면 최소한의 한 걸음으로도 센스가 좋아진다고 말하고 싶다.

그렇게만 해도, 어떤 모델 혹은 의미를 목표로 삼고 그것이 성공하면 잘하는 것이고 불완전해지면 서투른 것이라는 대립에서 벗어나 전혀 다른 게임을 시작할 수 있기 때문이다.

- 더 정확하게 의미를 실현하려고 경쟁하지 말고 사물을 리듬으로 파악한다. 이것이 최소한의 좋은 센스다.

어떤 일이든 튀어나온 凸와 쑥 들어간 凹의 굴곡이 죽 펼쳐진 것이다. 어느 순간에 자극을 내놓을 것인가, 그 타이밍의 재미가 바로 사물의 재미라고 할 수 있다.

그 자극이란 다름 아닌 차이이며, 이 책에서는 무엇인가가 쭉 계속되고 나서 '앗?' 하고 생각나는 차이의 재미에 우선 주목해서 이야기를 풀어나가려 한다. 하지만 반복이 있어야만 차이도 생기므로 점점 반복의 중요성을 강조하는 방향으로 나아갈 것이다.

우리가 물건을 감상하고 맛볼 때는 들쭉날쭉 굴곡진 타이밍(리듬)을 음미한다. 섬세하게 커트된 보석, 혹은 자연의 가공되지 않은 광물이라도 좋은데, 그 광물을 돌리면서 바라볼 때, 밝은 빛이 보이고 어두운 부분이 보이고 긴 선이 보이고 선이 비스듬히 기울어지고 넓은 면이 보이는 등…… 잇달아 다른 자극이 주어진다. 이것을 개략적으로 말하면 '반짝반짝 빛나고 있다'와 같이 표현하게 되는데, 이 '반짝반짝 빛나고 있는' 것의 실태는 여러 리듬의 전개다. 그저 '반짝반짝 빛나고 있다'라고 정리하는 것이 아니라, 그것을 리듬의 얽힘으로 의식할 수 있도록 해야 한다.

그걸 훈련한다는 마음으로, 자기 집에 있는 것을 의미나 목적에서 벗어나 굴곡진 리듬으로 파악하고 그 재미를 즐긴다는 관점을 시험해보도록 하자.

쉽게 할 수 있는 모더니즘

의미에서 벗어난 리듬의 재미, 그 재미를 아는 것이 최소한의 좋은 센스라고 했다. 사실 그것은 20세기에 여러 장르의 예술이 지향했던 방향이다. 여기서 말하는 좋은 센스란 의미에 대한 집착이 강했던 시대를 벗어나 좀 더 자유롭게 소리와 형태를 구성하게 되는 근대화 혹은 현대화(이것을 '모더니즘'이라고 부르는데), 그 모더니즘을 좋게 보는 가치관을 가리키는 것이다.

다만, 예술의 본연의 자세로서 모더니즘이 최선이라고 말할 수야 없지만, 그 부분을 자세히 논의하자면 어려운 이야기가 되므로 생략하겠다. 이 책에서 말하는 좋은 센스에 대한 가이드란 말하자면 모더니즘 입문이므로, 일상적인 예를 통해 너른 의미에서의 모더니즘을 체감하시기 바란다.

19세기부터 (서양의) 예술은 의미, 메시지, 이야기를 전달하는 것이라기보다 그 존재 자체에 재미, 즉 존재의의가 있는 것으로 전개되었다.

그러한 방향으로서 모더니즘을 쉽게 이해할 수 있는 것은 시각적인 것, 즉 미술이라고 생각한다.

음악과 문학의 경우엔 꽤 어렵다. 음악이나 문학에서도 의미에서 벗어나려는 '탈(脫)의미화' 같은 운동이 급진적으로 펼쳐지긴 했다. 하지만 그것은 일반적인 감각으로 보면 '의미불명(意味不明)'이 된다. 왜 그럴까. 우선 문학에 관해 말하자면, 말이란 바로 의미를 전달하는 도구인데, 말을 사용하여 의미에서 벗어나려고 하는, 즉 '난센스'와 같은 글을 쓴다면 그야말로 의미불명이 되기 때문이다. 전위적인 시는 어떻게 해석해야 할지 모를 복잡한 단어의 조합을 실험했는데, 어지간히 좋아하지 않으면 재미있게 느껴지지 않을 터이다. 지금도 그런 시가 계속 쓰이고 있긴 하지만.

음악에 관해서도 마찬가지여서 탈의미화라는 방향은 그냥 평범하게 즐길 수 있는지 어떤지로 말하자면 어렵다. 음악에도 언어에 가까운 부분이 있어서 밝음과 어두움, 기쁨과 슬픔 같은 설명이 가능한 감정의 흐름을 드러내지 않으면 왠지 이해하기가 어려워진다. 모더니즘 음악에서는 과거에는 허용되지 않았던 복잡하고 기괴한 불협화음을 사용하기도 하는데, 단순히 귀에 익지 않아서인지, 기분 나쁜 소리로만 들리는 경우도 많다. 하지만 이 책을 읽다 보면 그런 것들의 재미를 알게 될지도 모른다.

음악이나 문학보다 미술에서의 '탈의미'는 비교적 알기 쉽다.

왠지는 잘 모르겠지만, 모양이 재미있고 색이 확 들어오는 것은 쉽게 전달된다고 생각한다. 시각 쪽이 난센스를 더 견디기 쉬워서 그런 게 아닐까.

아마도 격렬한 노이즈가 밀려드는 청각적인 무질서보다 지저분한 방에 있는 것 같은 시각적인 무질서가 견디기 쉽지 않을까. 소리 쪽이 몸에 더 가깝기도 하여 흐트러진 소리가 '몸으로 다가오는' 것인지도 모른다.

혹은 어쩌면 이것은 언어와 관련이 있을지 모른다. 소리는 많든 적든 언어와 연결되어 있고, 시각적인 것은 더 간접적이니까. 몸에서 분리된 풍경인지라 눈앞에서 물건이 널브러져 있어도 비교적 견디기 쉬울지도 모른다. 시각적으로 사물이 널브러져 있다 해도, 어쨌든 하나의 시야라는 프레임 안에 들어가 있다. 시각적인 것에는 항상 액자라는 큰 질서가 있다.

라우션버그와 만두

따라서 시각적인 모더니즘은 쉽게 접근할 수 있다. 자, 모더니즘의 일종이라고 해도 상당히 시대가 지난 후의 작품이긴 하지만, 여기에서 1960년에 완성된 자못 현대미술다운 작품을 하나 살펴보기로 하자. 바로 옆에 보이는 그림으로, 일본어 원서의 표지에 쓰이기도 했다.

「서머 렌털+1(Summer Rental+1)」이라는 제목이 붙은 미국 미술가 로버트 라우션버그(Robert Rauschenberg)의 작품이다. 일단 회화로 볼 수는 있다고 생각하지만, 어떤 그림이라고 해야 할까. 여러 가지 재료를 조합하여 만들어낸 것인데, 그렇게 만든 작품을 라우션버그는 '콤바인'(Combines; 그러모은 것)이라고 불렀다. 이 「서머 렌털+1」도 콤바인 기법으로 만든 미술 작품 중 하나다.

지금까지의 설명을 바탕으로 하면, 이 작품을 어떻게 볼 것인가에 대한 준비는 절반 이상 되어 있는 셈이다.

여기에는 여러 개의 리듬이 있고 그 리듬이 서로 부딪치고 확산하면서 생겨난 재미로 화면이 만들어졌다고 보면 된다.

그것만으로도 좋을까, 뭔가 의미가 있지 않을까, 하는 생각이 들지도 모른다. 글쎄, 뭐, 의미가 있을지도 모른다. 하지만 우선은 이것이 '그 자체'로서 어떻게 되어 있는지를 보는 것만으로 충분하다. 실제로 제작하

Robert Rauschenberg, Summer Rental+1
1960, oil and paper on canvas,
Owner:The Albert A. List Family Byram(개인 소장)
© Robert Rauschenberg Foundation
(Licensed by VAGA at ARS, New York),
(SACK, Korea)

는 전문가나 예술 연구자들도 그렇게 인정하고 있을 테니 일단 그것으로 충분하다. 그러고 나서 이 작품의 배경을 살펴보고 의미를 생각해도 좋다.

여기서부터는 앞의 도판 이미지를 보면서 책을 읽기 바란다.

농담이지만, 빨간 부분은 고추기름 같기도 하고 만두 같은 느낌도 없잖아 있다…… 뭐, 만두를 먹을 때 입안이 이런 느낌이 아닐까 해서 말이다. 그럼 이 작품을 잘 살펴보자.

어디에 주목하느냐는 자유이지만, 우선 중앙 왼쪽 아래에 세 가지 색이 번갈아 사용되고 있다. 검은색, 카키색, 적갈색, 이렇게 세 가지 색이 나란히 있다. A, B, C 세 줄로 나란히 리듬을 형성하고 있어서 음악으로 말하면 도레미가 줄지어 있는 것 같다.

맨 밑에 있는 검은색은 비교적 빈틈없이 칠해져 있지만, 그 왼쪽은 손으로 휙휙 그린 듯한 기세가 완연하다.

그 위의 카키색은 좀 더 탄력 있고 거친 터치로 되어 있어, 위쪽에 성기게 칠해진 카키색과 바로 오른쪽 아래 검은색으로 칠해진 사각형의 밀도가 대비되어 느껴진다.

그런데 그 카키색 위에 틈을 메우듯 칠해진 적갈색은 단단히 응축되어 있으면서 기세도 있고…… 더 자세히 들어가면, 가운데 카키색의 기세가 분산되어 있음에 비해서 적갈색은 응집된 느낌이 있어 그 모습이 대조를 이룬다.

이런 관점은 '너무 자질구레하다'라고 생각할지도 모르지만, 사물의 배열과 대비, 즉 리듬이 어떤 상태인지를 이렇게 설명할 수 있다.

자, 이제 시선을 오른쪽 위로 올려보자.

화면의 절반보다 조금 아래 오른쪽에 김처럼 생긴 검은 직사각형이 있다. 이것은 기하학적인 직사각형으로, 손으로 그린 듯한 느낌이 강하지 않다. 이 김 같은 부분과 조금 전에 본 왼쪽 아래에 있는 세 가지 색의 운동성이 대비된다. 김 부분은 고정적이고 왼쪽 아래는 운동적이기 때문이다. 이 직사각형은 무게중심이 아래에 있는데, 거기에 반발하듯 위쪽으로 기세 좋게 툭 튀어나와 있다.

아래의 무게와 위로 튀어나오는 기세는 대립 관계라서 튀어나온 데(凸)와 쑥 들어간 데(凹)가 있다고 볼 수 있다. 김처럼 생긴 부분이 볼록 튀어나와 있다면 그와 대비되어 우묵하게 파인 부분이 생긴다.

잠시 뒤로 물러서서 화면 전체를 바라보자.

이 작품은 여러 요소가 오른쪽으로 치우친 화면이라고 할 수 있다. 왼쪽은 비어있고 오른쪽은 빽빽하게 차 있다.

그러므로 왼쪽이 우묵하고 오른쪽이 볼록하다고 생각해보자. 그런데 왼쪽 우묵한 공간도 자세히 보면, 검은색과 적갈색 면이 있었으나 한 번 칠해진 뒤에 흰색으로 덧칠해졌음을 어렴풋이 알 수 있다. 그러니까,

왼쪽의 흰 공간 안에도 검은색과 적갈색이라는 볼록한 부분이 있었는데, 나중에 우묵해졌다는 내적 리듬이 있는 것이다.

그리고 오른쪽 위에는 디자인 같은 느낌으로 의미 없는 알파벳들이 '콜라주(collage)'되어 있다. 바로 '이 작품은 말로 그 의미를 이해해서는 안 돼'라고 말하는지도 모른다. 그중에서도 맨 아래 오른쪽으로 기울어진 A에 대비되어 그 위에 무질서하게 쌓여 있는 요소들이 기울어진 A에 대항하듯 여러 각도로 배치되어 덜컥거리는 리듬을 형성하고 있다. 이 글자들은 뭔가 인쇄물의 콜라주 같은데, 꼭대기의 N은 손으로 그린 것으로 그 N자와 콜라주가 다시 대조를 이룬다.

이렇게 각 부분을 설명할 수는 있겠지만, 요컨대 복수의 리듬이 여기저기서 펼쳐지는 것이다.

그것뿐이라면 하면 그것뿐이랄 수도 있겠지만, 그 재미를 감상하는 것이 이 작품을 감상하는 방법이다. 여기서 '마치 만두 같다'라는 농담으로 돌아가서 생각해볼까. 만두를 먹을 때 입안에서 여러 가지 자극이 전개되어 '맛있다!'라고 말할 때는 그것에 얽힌 추억 같은 걸 말할 수도 있겠지만, 그 맛의 운동 자체에는 특별한 의미가 없다. 감성적이고 리듬에 관한 체험이라고 할 수 있다. 라우션버그의 이 작품을 보는 것은 만두를 먹고 맛있다고 느끼는 것과 거의 같은 체험이다. 즉, 이런 아방가르드(avant-garde) 혹은 전위적(前衛的)인 현대미술 작품의 감상은 먹고 맛있다고 하는 '요리 감상'처럼 할 수 있다는 말이다.

라우션버그의 경우 의도적으로 의미와 동떨어진 작품을 만들었는데, 이러한 회화의 자유화는 거슬러 올라가면 19세기 인상주의 시대부터 본격화되었다. 그 흐름에서 중요한 것은 인상파의 선구자 폴 세잔(Paul Cézanne)의 그림이다.

세잔은 생트-빅투아르(Sainte-Victoire)라는 프랑스의 산을 많이 그렸는데, 그 그림은 산이라는 모델을 정확하게 그리기보다 형태나 색채의 운동을 묘사하는 데 주안점을 두었다. 그 결과, 사진 같지 않고 추상성이 높아져서 그 후의 추상화에 대한 포석이 되었다. 즉 구상에서 추상 회화로 옮아가는 형태로서, 그 그림에 있는 것은 '리듬으로서의 풍경'이라고 할 수 있을 것이다.

그 후 '인상파'라고 하면 수련 시리즈로 유명한 클로드 모네(Claude Monet)를 꼽는데, 모네의 경우는 형태보다는 색채 혹은 빛에 주안점을 두고 색채의 리듬에 집중하여, 사진처럼 형태를 포착하는 것은 부차적인 것으로 밀려나게 된다.

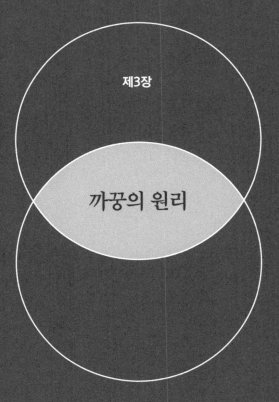

제3장

까꿍의 원리

리듬을 탄다는 것

앞 장에서는 이렇게 이야기했다. 미술에서든 음악에서든 혹은 음식의 맛에서든, 다양한 장르의 작품들은 너른 의미에서 리듬으로 파악된다고.

감상과 제작의 양쪽에서 예술을 즐길 수 있게 되거나 또 예술적인 접근으로 생활을 파악한다고 할 때, 그 핵심은 "그것은 무엇인가?" 또는 "무엇을 위한 것인가?"라는 식의 의미 찾기에서 벗어나, 사물 그 자체의 재미를 보는 것, 다시 말해 의미를 젖혀두고 리듬에 감각을 닿게 하는 것이다.

음악은 소리의 빈도, 높낮이, 강약 등 시각적으로는 형태, 선의 방향이나 길이, 기울어짐, 색채의 대비 등이 만들어내는 리듬이다. 문학 작품이라면 말에 의해 야기되는 이미지의 연쇄, 그런 것을 널리 리듬이라고 부른다.

이제 제3장에서는 리듬이란 무엇인가를 깊이 파고들어 생각해본다.

리듬이란 시간에 관한 것이다. 리듬으로서의 시간적 흐름을 다양한 장르에서 느껴본다. 이는 사물에서 운동성을 느끼는 것이라고도 할 수 있다. 그림을 보고 있어도 정지된 것이 아니라 그림 안에 있는 리듬의 움직임을 따라간다. 만두를 먹으면서도 맛과 향의 다양한 전개를 즐긴다.

'센스가 깨어난다'는 것은 과연 무엇일까, 이런 일을 해서 무엇이 되는가 하는 이론의 차원을 떠나, 사물을 보고 듣고 거기에 있는 요소들의 나열에 몸이 반응하고, 그 리듬을 타고 몸이 흔들리는 것과 같은 의미가 없어도 즐거운, 즉 '강도(强度)의' 분위기 혹은 감성적인 분위기로 들어가는 것이다. 몸이 하나가 되어 움직이기 시작하는, 두근두근 가슴 뛰는 느낌으로 들어가는 것이다.

굴곡과 비트

그렇다면 그 두근거림이란 무엇일까? 혹은 설렘이라고 해도 좋을 텐데, 그것은 들쭉날쭉한 기복이 있는 사물에 대한 반응이며, 가장 간결하게는 1과 0이다. 우리 몸에서는 언제나 심장박동이 쿵, 쿵, 쿵, 쿵…… 이어지고 있다. 심장이 수축을 반복하고 있는데, 이것도 1과 0이다.

1은 무언가가 '있는' 것, 0은 '없는' 것, 즉 존재와 부재이다.

라우션버그의 그림을 다시 보자.

그림의 일부를 '클로스업*'해보면 긴 선과 짧은 선의 대립이 있다. 긴 쪽은 선이 '더 존재하기' 때문에 1이다. 그에 비해 짧은 쪽은 0으로 간

---

* '근접촬영'이나 '아주 가까이'를 뜻하는 영어 close-up의 정확한 발음은 '클로스업'이지만, 무슨 이유에선지 흔히 '클로즈업'으로 잘못 표기되고 있다. 이 책에선 올바른 발음에 가깝게 '클로스업'으로 적는다_편집자주

주하게 된다. 이처럼 '길다'와 '짧다'는 디지털 갈등으로 파악된다. 혹은 '엷은 갈색'과 '짙은 갈색'이라면, 옅은 쪽은 '갈색이 부재에 가까우니까' 0이고, 짙은 쪽은 '갈색이 더 존재하니까' 1이 된다.

이것은 1과 0으로 단순화해보자는 이야기로 하나의 견해일 뿐, '모든 것이 1과 0'이라고 말하려는 건 아니다.

긴 선 혹은 짧은 선이라고 했지만, 그것은 추상화된 파악법이다. 실제 회화에서 선은 폭에 변화도 있고 붓 터치도 있고, 동시에 색도 보고, 주변에 있는 다른 색과의 관계도 있고…… 즉 여러 가지 차이 속에 있다. 길고 짧다는 대립은 '길이'라는 매개변수에만 주목했을 때, 극단적으로 말하면 1과 0이 된다.

단순화한다면 말이다. 리듬으로서의 형태나 색깔, 맛은 실제로는 복잡해서 풀 수 없는 '곡절(曲折)'과도 같은 것이다. 그것을 하나의 측면으로만 보면 길이나 밝기 같은 매개변수에서 1과 0이 대립한다.

일단 단순화해서 말하면, 한 장의 그림에는 여기저기 1과 0의 대립이 있다고 할 수 있다. 즉, 다른 매개변수를 가진 대립 관계가 있는 것이다.

1과 0은 존재와 부재의 대립이다. 조금 전 심장의 수축과도 연결해서 설명했는데, 다시 말하자면 그건 '사건'이다. 그림 안에서는 곳곳에서 사건이 일어난다.

음악을 만드는 시퀀서를 생각해보라. 그곳에는 파형이 있었다. 소리가 나지 않으면 파동이 없으니까 0이고, 소리가 나면 파동이 생긴 것이니까 1이다.

어두운 상태에서 빛이 나타난다. "빛이 있을지라!" 하느님이 그렇게 말하자 세계가 태어난다. 빛이 생겨서 밝아질 뿐 아니라, 빛의 출현으로 '어둠과 빛이라는 대립'이 생긴다. 보통은 '교통사고'와 같은 것을 사건이라고 하지만, 여기서는 추상적이고 일반적인 의미로 말한다. 사건이란 '아무것도 없는 평탄한 상태에 무언가가, 즉 존재가 생기는' 것이다.

바꿔 말하면 '바탕'에 '그림'이 생기는 것이다.

아무것도 없는 '바탕'이라는 디폴트 상태가 0이며, 들어간 부분(凹)이다. 여기에 1이, 즉 튀어나온 부분(凸)이 '그림'으로 나타난다. 이를 '돌출부'라고도 할 수 있을 것이다. 지각(知覺)에서는 이것을 '자극'이라고 하는데, 평탄한 상태가 쭉 이어지다가 거기에 뭔가 강한 자극이 일어나면 생물은 반응한다. 자극에 반응하는 것이다. 기본적으로는 침착하게 있는 편이 좋으며, 자극을 피하거나 억제하려는 것이 생물의 대체적인 경향이다.

극단적으로 말하면 그림이든 음악이든 0에서 1로 이어지는 사건이 연속으로 일어난다고 할 수 있겠지만, 실제로는 여러 디테일이 복잡하게 얽혀 있다. 회화나 음악은 그 작은 부분만으로도 한마디로 말할 수 없는 '다양한 강도'를 가진 형태를 이루고 있다. 그림 위를 눈으로 찬찬히 훑어볼 때도, 음악의 흐름에 올라탈 때도 다양한 매개변수(parameter; 퍼래미터)에 걸친 다중의 '변화'에 올라타는 것이다.

흐름이 바뀐다. 흐름이 끊임없이 복잡하게(다차원적으로) 변화한다. 그것이 '굴곡'이다. 그러한 변화 속에서, 가장 단순한 대립, 즉 1과 0, 존재와 부재의 대립, 혹은 빛이 켜졌다 꺼졌다 하는 명멸이 포함되어 있다고 설명하고 싶다. 여기서는 사물을 두 가지 관점에서 보자고 말하는 것이다.

• 변화하면서 그 안에 존재와 부재의 명멸이 희미하게 존재한다.

'변화'로 보고, 동시에 '존재 vs 부재'라는 두 가지 관점에서 보는 것이다.

사실 이것은 철학의 아주 오래된 두 가지 입장에서 비롯된 것이다. "모든 것은 흘러가고 변화해 마지않는다"라는 사상이 그 하나로, 고대 그리스에서는 철학자 헤라클레이토스가 이런 입장을 대표한다. 그것에 맞서서 "확고히 존재한다, 있다"라는 생각을 중시하는 다른 사상이 있는데, 파르메니데스가 이 사상을 대표한다.

변화란 새로운 것이 생겨나는 것으로 '생성'이기도 하고, 하나로 합쳐서 '생성변화'라고도 하는데, 그에 반하는 개념으로서 존재를 중심으로 하는 '존재론'이 있다.

이 책은 의미에서 벗어나 사물을 리듬으로 보는 방향으로 여러분을 안내한다. 이때 리듬이란 우선 복잡하게 얽힌 생성변화라고 파악한다. 그와 동시에 길이나 온도 같은 어떤 매개변수에 주목해 단순화하면 복잡한 생성변화 속에 1과 0의 명멸, 그러니까 깜빡깜빡하는 플리커(flicker)와 같은 것이 잠재해 있다고도 할 수 있다. 다음과 같이 정리해 보자.

• 리듬이란 우선 생성변화의 흐름이지만, 거기에는 존재 대 부재의 명멸이 숨어 있다.

다시 그림에 관한 이야기로 돌아가 보자.

같은 상태가 계속되면 선에 부딪히거나 색이 바뀌기도 한다. 한편으로는 그것을 생성변화로 본다. 그러한 경우에는 큰 변화가 일어나더라도 그것은 연속된 흐름 안에 있다. 동시에 이전 상태를 디폴트, 즉 0으로 했을 때 다음에 1이 온다고도 말할 수 있다. 관점에 따라 (1) 흐름의 변화로도 볼 수 있고, (2) 부재에서 존재로의 급격한 낙차로도 파악할 수 있다. 나는 그런 이중적인 관점을 제안하고 싶다.

복잡하게 굽이치는 흐름과 깜짝 놀랄만한 전환이 모두 느껴진다……

이러한 상태와 일체가 되면 몸이 흔들린다. 이것이 리듬이라고 생각한다.

댄스 뮤직과 같은 건지도 모른다. 4박자로 쪼개지는 비트가 플로어를 진동시키는 저음으로 둥, 둥, 둥, 둥 하고 울리면서 그 위에 겹쳐서 보다 복잡한 텍스처(texture)의 음악이 펼쳐진다. 4박자의 베이스 드럼은 존재와 부재의 명멸이자 심박(心搏)이다.

그와 동시에 복잡한 생성변화가 전개된다. 이런 식으로 '존재론과 생성변화론을 이중으로 느끼는' 것이 리듬 경험이 아닐까 싶다.

이미지를 쉽게 만들기 위해 생성변화를 굽이치는 '굴곡'에, 존재 대 부재의 명멸을 '비트'에 대응시켜보자.

- 리듬은 '굴곡'인 동시에 '비트'다.

이 그림이 무엇을 말하려고 하느냐가 아니라, 그저 단순한 리듬으로 즐길 수 있다. 그것이 센스가 깨어나는 것이라고 말했다. 그러한 상태를 더욱 발전시키면 이렇게 된다.

- 센스란 사물의 리듬을 생성변화의 굴곡이자 존재 대 부재의 비트라는 두 가지 감각으로 파악하는 것이다.

이야기와 '결핍'

인간에게 존재와 부재, 즉 무언가가 '있음'과 '없음'의 대립은 절실한 의미를 품는다.

앞의 설명에서는 리듬을 굴곡(다양한 생성변화)으로 파악하는 것이 우선이고, 거기에 비트(존재 대 부재)가 포함되어 있다는 식으로 리듬을 파악하는 두 가지 방법에 우선순위를 매겼다. 그러나 이 그림에는 어떤 의미가 '있을까,' 하고 무심코 생각하는 것에서도 알 수 있듯이, 인간은 있고 없고의 문제에 이끌려서 있고 없고의 전환 즉, 비트에 따라 기뻐하거나 불쾌해하는 경우가 많다. 무슨 일이 일어나든 그것을 인생의 굴곡, 즉 생성변화로 즐기기는 웬만해선 쉽지 않다. 그것은 일종의 달관 같은 것이다.

그래서 '있음'과 '없음'의 중요성에 관해 잠시 생각해보고자 한다.

소설 등의 이야기에서는 '보물을 찾으러 가다'라는 것이 스테디셀러의 패턴이다. '없는' 것을 추구하다가 결국엔 그걸 발견하게 되는데, 말하자면 '없다'에서 '있다'로 이행하는 것이다. 전형적으로 이야기는 부재 또는 '결핍'에 의해 진행된다.

달걀덮밥을 만들려고 달걀을 깼는데 간장이 없음을 깨닫는다. 지금부터 사러 갈까…… 돈이 없으니까 일을 해야 하나, 하는 식으로 이어진다. 그런가 하면 사랑과 욕망도 근본적으로 누군가가 있고 없고의 문제다. 이처럼 인간에게 부재란 '단순히 없는 것'이 아니라 '있으면 좋으련만 없는 것'이라는 뉘앙스를 지니기 때문에 '결핍'이라는 표현이 적절하다.

이런 드라마는 어떨까. 인간관계에서 뭔가 불안한 상태에 있는 주인공이 여러 가지 경험을 쌓아 최종적으로 성장하고 더 강하게 살아갈 수 있게 되는 줄거리를 생각해보자. 그것은 자신의 정체성이 불안정한 상태에서 좀 더 확고한 상태가 되는 변화, 즉 안정성이 '없다'에서 '있다'로 나아가는 이행으로 파악된다. 도중에 뭔가를 찾아서 손에 넣었다고 생각하면 또 잃고, 실패하고, 회복하고…… 하는 부침이 생긴다. 그럴 때마다 사람들은 이야기의 행방을 가슴 졸이며 좇게 된다.

이런 이야기의 전개도 리듬이며, 가슴이 두근거린다는 것은 거기에 '결핍을 메꿔주는' 커다란 문제를 보고 그 비트와 하나가 되었기 때문에 일어나는 일이다. 그러나 이야기의 여러 부분에는 미묘한 맛이 있고, 고난을 극복하고 성장한다는 줄거리만이 아니라 더 다채로운 굴곡의 전개로도 즐길 수 있을 것이다.

결핍을 메꾸는 것은 분명 소설의 기본 형식이다. 도중에 여러 가지 장애물을 설치하여 해결을 늦추고 독자의 관심을 끈다. 그것에 특화하면 엔터테인먼트의 성격이 강한 작품이 된다. 반면 '결핍을 메우는' 일에 직결되지 않는다고 할까 혹은 그 곁다리에 있는 디테일이 풍부해지면, 소위 '순수 예술'적인 성격이 나오지만, 엔터테인먼트로서는 이해하기 어려운 작품이 된다.

그림이나 음악, 심지어 만두를 먹을 때도 마찬가지다. 모양, 색깔, 울림, 맛의 부침도 소설의 전개처럼 파악할 수 있을 것이다. 즉, 어떤 장르에서도 명확한 대립 관계에 (존재 vs 부재가 그 궁극의 대립일 텐데) 주의를 기울이느냐 더 미묘한 곳을 보느냐, 하는 두 가지 관점이 있다.

- 두근두근 올렁울렁 → 비트: 명확한 대립 관계, 존재 대 부재.
- 미묘한 재미 → 굴곡: 생성변화의 다양성

비트처럼 두근거림을 즐기는 것과 미묘한 중간색 지점으로 파고드는 굴곡의 재미라는 두 가지 접근법 모두가 중요하다. 이 책에서는 말하자면 '모든 예술을 리듬으로 파악하는 것'을 시도하고 있는데, 파도와 비트라는 두 가지 측면이 있다.

까꿍의 원리

'까꿍'이라는 놀이를 하나의 원리로 설명하고 싶다.

무언가가 없는 혹은 숨겨진 상태에서 드러난 상태로의 전환, '없다'에서 '있다'로의 전환. 아이들이 이 놀이를 좋아하는 이유는 이 놀이가 인간의 뿌리에 접하고 있기 때문이라고 생각한다.

'까꿍' 놀이는 근본적인 '불안과 안심'의 교차를 의미하지만, 중요한 것은 이것이 놀이라는 점이다. 실제로 불안과 안심을 직접 경험하는 게 아니라, 놀이라는 형태로 그것을 포장해 간접화하고 있다. 놀이를 통해 외로움을 견딜 수 있게 된다.

놀이로서의 '까꿍'은 단지 존재 vs 부재의 대립을 나타내는 것이 아니라, 그것을 포함하면서도 거기에서 벗어나 자립해가는 리듬이라고 말할 수 있다.

실제로 '없어졌다'가 다시 나타나서 '까꿍!' 하기까지의 간격을 길게 하거나 짧게 하면서 변화를 주고, 표정도 바꾸는 등 다양한 요소가 얽혀 있다. 아이의 몸 안에서도 보고 있는 것에 대한 반응뿐만 아니라 다양한 프로세스가 움직이고 있다. 그것들이 얽혀서 0에서 1로, 다시 0으로 이어지는 비트가 복잡한 굴절 속에 휘감겨 있는 모습을 하고 있다고 생각된다.

• 리듬은 부재 vs 존재를 배경으로 하고 있지만, 거기에서 자립한 것 자체가 리듬이다.

정신분석의 창시자인 프로이트는 '까꿍'과 같은 리듬을 형성함에 따라 결핍을 견딜 수 있게 된다고 논했다. 그의 <쾌락 원리의 저편(Jenseits des Lustprinzips)>이라는 논문에 그 내용이 담겨 있다.

그래서 프로이트가 예로 든 것은 '실타래' 놀이인데, 이 책에서는 그것과 비슷한 놀이로 보이는 '까꿍'으로 대체했다.

아이가 실타래를 던져서 멀리 굴러가면 "오-오-오-오-" 하고 말하는데, 이것은 '뭔가 없어짐'을 의미한다. 그러고 나서 실을 잡아당겨 다시 손에 쥐고 "여기 있네"라고 말한다. 그리고 이것을 반복한다. 왜 이런 놀이를 하는 걸까. 프로이트는 어머니의 부재를 '스스로 상연함으로써 체념의 감정을, 말하자면, 벌충했다'라고 해석했다.

※ 이와나미서점(岩波書店)이 펴낸 《프로이트 전집》의 경우 <쾌락 원리의 저편>은 제17권에 실려 있지만, 지쿠마학예문고(ちくま学芸文庫)의 프로이트 《자아론집(自我論集)》에서도 읽을 수 있다.*
굴곡, 1과 0의 리듬에 절실한 것이 있다는 견해는 프로이트의 <쾌

---

* 우리나라에서는 출판사 지식을만드는지식에서 《쾌락 원리의 저편》이란 제목으로 출간했다_역주

락 원리의 저편>을 기반으로 하고, 거기에 프랑스에서 정신분석을
쇄신한 자크 라캉의 이론을 가미했다.

앞에서 '까꿍'은 존재와 부재의 대립만이 아닌 리듬이라고 설명했는
데, 이것은 정신분석학자 도가와 고지(十川幸司)의 논의와도 관련이 있
다. (권말의 '독서 가이드' 참조)

왜 리듬 형성은 인간에게 중요한가? 이제부터 정신분석 개념을 살짝
소개하기 전에 생물학적인 이야기부터 시작하겠다.

나는 전문가가 아니라서 대충 이야기하거니와, 일반론으로서 말할 수
있는 것은 생물이 안정된 상태를 추구하고 자극이 오면 흥분한 상태를
억제하려고 한다는 사실이다. 생물이 내적 상태를 어떤 범위 안에 유지
하려고 하는 것을 항상성(恒常性) 또는 호메오스타시스(homeostasis)
라고 한다. 프로이트의 정신분석은 심리학의 일종인데, 프로이트는 문
과생이 아니라 의사로서 신경과학을 공부하면서 신경계에서 에너지
의 흥분이 어떻게 가라앉는지를 생각하고 있었다. 정신분석에서는 특
히 가족 관계를 중시하고 거기에서 마음의 문제를 분석하는데, 이때도
기본적으로는 뇌에서 어떤 에너지가 높아졌다가 가라앉는다는 변화를
상정했다.

우선 일반적으로 생물은 안정된 상태를 추구한다. 나는 제5장에서

'예측'이라는 키워드를 사용해 이 점을 설명하겠다. 상황이 예측한 대로 흘러가기를 바라는 것이 기본이고, 거기에 '어긋남'이 발생했을 땐 이에 대응해야 하므로 다음번의 예측을 변경해야 한다.

자, 지금은 생물에 관한 일반적인 이야기이다. 그리고 인간에 관한 이야기이고.

인간은 고도로 사회성이 발달한 동물이다. 그리고 매우 미덥지 못한 상태로 태어나기 때문에, 다른 인간이 (대부분은 부모가) 보호해주어야 한다. 게다가 뇌 신경이 매우 복잡해서 그저 본능을 실현할 뿐인 삶을 사는 게 아니라 정신과 마음을 개성적으로 형성하는 특수한 동물이며, 그 과정에서도 다른 인간과의 관계가 필요하다.

인간은 우선 어머니의 태내라는 안정된 환경에 있다가 거기서 바깥 세상으로 나와 강한 빛을 받으며, 소리와 온도의 변화라는 일찍이 겪지 못했던 큼직한 스트레스에 노출된다. 밖에 나가서도 기본적으로는 어머니 즉 보호자의 곁에 있어야만 안심되며, 안기거나 매달리는 것으로 편안한 마음을 얻는다. 어머니의 태내에서 나와 외부의 소음에 노출되는 큰 변화를 맞는 것이다. 이 출생의 트라우마를 겪은 아기에게는 엄마와 보호자의 곁에 있는 것과 떨어져 있는 것이 0과 1의 기본적인 대립이라는 것이 정신분석학 이론이다.

정리해보자.

1) 인간에게도 안정된 상태를 목표로 하는 생물로서의 큰 경향이 있다.

2) 그러나 인간의 경우는 매우 나약한 상태로 태어나 장기간 생존하고 성장하기 위해 누군가를 필요로 한다. 따라서 안정된 상태를 목표로 하는 일반적인 경향이 '다른 사람이 있으면 안정된다,' 그리고 '다른 사람이 없으면 곤란하다'라는 사태와 연결되어 있다.

여기서 1)과 2)의 균형을 어떻게 보느냐에 따라 견해는 달라질 것이다. 1)을 중심으로 보면 생물학적인 방향성이 된다. 다른 한편으로 2)만 중시하고, 무엇이든 가족 관계의 문제로 만들어버린다는 것이 정신분석에 자주 나오는 비판이다.

현재, 결론은 나지 않은 상황이다. 내가 아는 한 정신과 의사이든 심리치료사이든 양쪽 모두를 고려하는 사람이 많을 것이다. 그래서 정신분석 '주의(主義)'처럼 되지 않도록 균형을 잡고 다음과 같이 정리해보고자 한다.

- 인간에게 있어 불안정한 상태는 어떤 의미에서 단지 생물 일반으로서 해소하고 싶은 상태일 뿐만 아니라, 어딘가 '누군가가 없다는 외로움'을 띠고 있는 것은 아닐까?

보충하겠다. 여기서 핵심은 일단 외로움이 전부가 아니라는 점이다. 다만 개인의 체질상 '자극에 약한' 경우도 있을 것이다. 하지만 그래도 인간인 이상, 누군가와의 관계 역시 어딘가에서 문제가 된다.

또 '누군가'라는 말을 했다. 궁극적으로 '어머니'가 원점이라는 생각에도 일리가 있지만, 더 넓고 다양한 사람과의 관계를 상정하기 위함이다.

앞으로 생각을 바꿀지도 모르지만, 이 책에서는 이러한 관점을 채택하고 싶다.

어떤 대립이나 기복이 나타난 부분이 있을 때 '자극을 억제하고 안정을 찾고 싶은' 것은 생물의 큰 경향이다. 그와 동시에 인간은 거기에 '누군가가 없는 외로움', '외로움을 채우고 싶다'라는 드라마 같은 무언가를 느낀다. 슬픈 장면도 아닌데 어떤 풍경을 보거나 할 때, 이른바 '감성적인' 느낌이 든다는 것은 리듬에 잠재된 0과 1의 '외로움'을 말하는 게 아닐까?

(한 걸음 더. 이 부분은 관심 있는 분들만 읽기 바란다. 좀 복잡한 말을 하려고 한다. 자, 어떤 풍경을 본다고 치자. 형태와 색깔 등의 리듬이 있다. 거기서는 극히 중립적이고 비인간적으로 안정과 자극이 오간다. 동시에 거기에 인간은 누군지 모르는 누군가의 부재 vs 존재를 어렴풋이 겹쳐서 본다. 인간의 마음에 부응하지 않고 그저 전개해나갈 뿐인 물질세계의 '무정(無情)'이 있는 한편, 그곳에 누군가가 존재하지

않는다는 쓸쓸함을 들여다본다. 이 '무정함과 외로움'을 오가는 것이 바로 '감성(エモさ)'이 아닐까 생각해볼 수도 있다.)

'까꿍' 놀이에서 부재 대 존재, 0과 1의 비트는 불안과 안심의 교차인데, 그것을 복잡한 굴곡을 이루는 리듬으로 덧씀으로써 극복한다. 리듬은 결국 0과 1로 귀착되는 것이 아니다. 리듬은 새로운 차원이며, 인간의 근본적인 외로움으로부터 자립하여 문화와 사회의 구조를 만들어 간다. 그래서 우리는 놀이나 음악이나 미술 등을 필요로 한다.

반복되는 리듬은 인간이 안정적으로 살아가는 데 필요한 것으로, 리듬을 형성함으로써 인간은 '주체'가 된다. 리듬이란 반복과 차이다. 먼저 반복이 있다. 그것은 살기 위해서 필요한 반복이다.

- 까꿍 놀이는 '0과 1의 비트를 파도에 말려들게 하는 리듬'이다. 그것은 누군가가 부재한다는 인간의 근본적인 외로움을 완전히 없애는 것이 아니라 잠재우면서 극복하는 형태다. 모든 놀이와 게임, 그리고 예술을, 까꿍 놀이의 원리로 파악할 수 있다.

앞에서 생물은 안정을 추구한다고 말했지만, 놀이란 일부러 불안정한 상태, 긴장 상태를 만들어내고 그것을 반복하는 것을 즐긴다. 그것은 물론 진정한 불안정이 아니라 어딘가에 '괜찮아'라는 신뢰가 있는 상태에서 일종의 '장난'으로서 혹은 시뮬레이션으로서 행해진다. 안전을 확보한 후에, 일부러 스트레스를 받는 상황을 즐기는 것이다.

그러나 놀이에서 실질적인 위험으로 경계를 넘어버리는 경우가 있는가 하면, 인간에게는 일부러 죽음의 직전까지 다가가려고 하는 문화도 있다. 극한 스포츠처럼 말이다. 거기까지 가지 않더라도 리듬을 즐긴다는 데는 일부러 귀찮은 일을 하는 측면이 있다. 그림을 잘 보려면 집중력이 필요하고, 몹시 피곤할 때는 음악을 듣는 것조차 힘들지 않겠는가. 거기에는 말하자면 불쾌함을 쾌락으로 전환하는 마조히즘 같은 면이 있다.

즐거움에는 사실 불쾌함이 숨어 있다. 이 점은 제5장에서 다시 언급하고자 한다.

까꿍 놀이는 곧 서스펜스다

놀이란 굳이 스트레스를 즐기는 것이다.

이야기에서 '서스펜스'는 의도적으로 만들어진 스트레스다. 서스펜스가 '까꿍'에 해당한다는 사실은 이미 알고 있을 것이다. 소중한 것을 잃었다, 누군가가 실종되었다, 어딘가 자신의 정체성이 모자라는 부분이 있다…… 등등, 결핍에 의한 긴장 상태가 서스펜스로 해소되는, 즉 결핍을 메우는 쪽으로 향한다. 이걸 정신분석학적으로 말하자면 어머니나 보호자의 부재로 이어진다. 결핍을 메우는 것은 자신이 태어난 곳으로 돌아가는 것에 해당하며 고향으로 돌아가는 결과를 초래하기도 한다.

이해하기 쉽다고 하는 이야기에서는 0에서 1로의 이행이 강조되는 경우가 많다.

하지만 이야기의 재미는 '도중'에 있다. 서스펜스(suspense)란 '허공에 매달리다'라는 뜻의 영어인데, 해결에 이르기까지 긴장 상태로 지연되고(허공에 매달려서), 넘어야 할 작은 산이 차례로 발생하며 그 하나하나가 0에서 1로 나아가는 작은 해결인데, 그런 것이 연속되고 중첩되며 굴곡을 만들어 복잡한 리듬이 된다. 따라서 '서스펜스는 곧 까꿍 놀이'이고 이것은 '0→1'이란 변화가 반복된다는 의미일 뿐만 아니라, 좀 더 복잡하고 리듬감 넘치는 재미가 있다는 의미로도 이해할 필요가 있다.

그림이나 음악 역시 서스펜스의 전개로 파악할 수 있다. 음악이론에서는 긴장된 울림이 있을 때, 그것을 다음 화음으로 '해결한다'라고 표현한다. 그림에 대해 말하자면, '시선을 여기저기로 돌리면서 중요한 부분에 끌리더라도 거기에 머무르지 말고 계속 움직이도록……'이라는 식의 '동선 놀이'가 서스펜스로서 펼쳐지는 것이다.

소설이나 각본 지침서를 보면 큼직한 수준과 작은 수준에서 0→1의

전개를 어떻게 설계할 것인가에 관한 이야기가 많다. 그러나 부분이 합쳐져서 굴곡이 생긴다는 게 기술적으로 말해서 무슨 의미인지 설명하기는 어렵다. 호사카 가즈시(保坂和志)의 《소설의 자유(小説の自由)》 같은 소설론 시리즈는 그에 가까운 내용을 썼다고 생각한다.

일상의 서스펜스

친구가 SNS에서 무슨 말을 했는지 읽고 나서 생각에 파도가 일었다. 탁자 위에 관엽식물을 두고 이따금 눈길을 보낸다. 이것은 일상에서 경험하는 약간의 서스펜스다. 그뿐인가, 이른바 '정성을 다하는 생활'도 일종의 서스펜스로 받아들여질 것이다.

정성껏 커피를 내리는 것은 커피를 내리는 시간을 서스펜스로 만든다. 그저 커피메이커 스위치를 누르고 기다리는 게 아니라, 손수 정성스럽게 뜨거운 물을 부어 커피를 천천히 내린다. 일부러 귀찮은 일을 하며 시간을 들여서 정성을 다한다는 얘기인데, 그것은 목적 달성을 지연시키고 그 '과정'을 즐기는 것이다. 이게 바로 서스펜스의 구조다.

커피메이커라는 편리한 기계는 커피를 내리는 목적을 담당할 뿐이다. 반면 직접 커피를 내릴 때는 먼저 뜨거운 물을 부어 조금씩 원두 표면에 뜨거운 물이 스며들게 한다. 건조한 상태에서 물이 스며든다는 상태의 변화, 이것을 너르게 말하면 0→1이다. 그러나 그럴 땐 소용돌이가 생기고, 거품이 생기고, 김과 향기가 피어오른다. 그러면서 형태와 색, 온도, 향기 등 여러 매개변수에 걸쳐 복잡한 굴곡이 생기고 그러한 과정을 즐기게 된다. 따라서 0→1인 동시에 그 이상으로 얽혀 있는 리듬이 중요하다.

커피가 서서히 추출되면서 커피가 없는 0의 상태에서 커피가 있는 1의 상태로 이행한다. 커피 액체는 원두에서 나오므로 원두 안에 '덮여 있었다'라고 말할 수도 있고, 그것이 점차 '분명하게' 드러난다는 의미에서는 이것도 '까꿍' 놀이의 일종이지만, 앞에서 설명했듯이 '없어졌다'가 다시 나타나는 '까꿍'의 0과 1만이 중요한 것이 아니라 거기에 얽혀 있는 다양한 굴곡에 의해 뭔가 재미있는 리듬이 되는 것이다.

이처럼 목적 달성을 늦추고 여분의 서스펜스를 즐기는 것이 정성을 다해 생활을 즐기는 것이라고 말하기도 한다. 시간을 들여 중간에 전개되는 리듬을 음미하는 것인데, 그것이 즐거울 때도 있고 귀찮을 때도 있다. 모든 상황에서 그렇게 할 수는 없으므로 적당히 끝내는 것과 시간을 들이고 싶은 것을 섞어 생활하게 된다.

반대로 이야기를 연결한다면, 커피를 천천히 내릴 때 일부러 시간을 들이는 그 즐거움과 비슷한 것으로서 라우션버그와 같은 추상 회화를 볼 때 잘 모르는 형태를 따라가는 즐거움이라든지, 소설을 읽고 좀처럼 주인공의 태도가 결정되지 않는 답답함을 좇아가는 재미 등을 꼽을 수 있다.

예술에서는 시간을 낭비하는 것이 바로 그 작품의 볼륨 혹은 물량이 되는 법이다. 작품에는 크기, 길이, 정보량 등 일정한 양적 규모가 있다. 예술작품이란 목적을 달성하기 위한 도구가 아니다. 그 자체로 즐길 수 있는 것, 즉 '자기 목적적'인 것이 예술작품이며, '서스펜스(다시 말해서 까꿍 놀이)'를 지연시키는 것이 곧 작품의 볼륨이다.

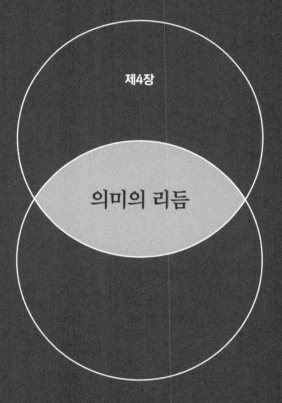

제4장

의미의 리듬

큰 의미에서 작은 의미로

지금까지 이 책에서는 예술작품, 혹은 생활의 한 부분을 예술적으로 즐기는 것에 관해 의미나 목적에서 일단 벗어나 사물을 그 자체로서, 즉 형태나 색, 울림, 맛 등의 리듬으로서 즐기는 것을 이야기했다. "이것은 무엇을 말하고 싶은 거지?" 혹은 "무엇을 위한 것일까?" 같은 답을 추구하는 데서 벗어나 리듬만으로도 충분하다는 감각을 갖는 것이 센스의 첫걸음이다. 이것이 이 책의 입장이다. 압축하면 다음과 같다.

• 센스: 사물을 리듬으로, '탈의미적'으로 즐길 수 있다.

그래서 이번 제4장에서는 오히려 '의미'란 무엇인가를 생각해보고자 한다.

먼저 말해두자, 우리가 '의미라고 생각하는 것까지도' 리듬의 형태로 만들어버리는 것이 이 책의 방침이다. 이상하게 들리겠지만 '의미를 탈의미화'하는 것이 우리들의 전략이다.

흔히 사람들은 이 그림에는 어떤 의미가 있을까, 또는 방금 본 영화에서 어떤 메시지를 얻어야 할까, 등을 생각한다. 어떤 영화에 전체적으로 어떤 의미가 있느냐고 묻는다면 대개 단순한 결론밖에 나오지 않을 것이다. 예를 들어 "사람을 사랑하는 것이 중요하다"라든가 "전쟁은 안된다"라고 하는 정도의 말을 하면 울컥하는 사람도 있을지도 모른다. 하지만 그처럼 말하자면 '큰 의미'로 묶이지 않는 작품은 이해하기 어려워서 불쾌하게 여기는 사람도 많은 것 같다. 큼직한 의미, 대략 말할 수 있을 것 같은 의미를 키워드로 삼고 이를 '큰 의미'라고 부르자.

의미를 이해한다는 것은 큰 의미를 추구한다는 뜻이다.

그래서 우선 제안하고 싶은 것은 '부분의 연결을 보는' 자세다. 전체적으로 어떤지보다 부분을 맛보는 것을 우선시하자는 것이다. 전체의 의미를 모르면 기분이 나쁘다는 것도 이해할 수 있지만, '부분이 재미있으면 그걸로 충분하다'라는 태도도 있을 수 있잖은가.

작품이나 체험은 여러 가지 파트(부분)가 조합되어 있는 것인데, 전체로서의 의미를 묻는다면 대략적인 감상이 되어 버린다. 하지만 부분을 살펴보면 더 복잡한 감각, 한마디로 말할 수 없는 감각, 즉 리듬이 떠오른다.

큰 의미에 집착하지 말고 작은 의미에 주목하자. 키워드로 하면 '작은 의미'다.

인생의 다면성

연인과 여행을 떠난다고 생각해보자. 그 여행에 전체적으로 어떤 의미가 있었는지 물어보면, 두 사람 사이가 더욱 깊어졌다든지 거리가 생겨버렸다든지 그런 대략적인 느낌이 들 거라고 생각된다. 하지만 여행 도중 점심 먹을 곳을 찾았을 때, 상대의 식당 선택에서 자신과는 다른 부분에 중점을 두는 걸 보고 재미있게 느꼈다든지, 바다를 함께 바라보고 있을 때 공감할 수 있는 장면이 있었다거나, 현지 식재료에 관해 이야기하면서 맛의 취향이 다르다고 느꼈다든가, 별생각 없이 한 말에서 이상한 유머를 느꼈다든가, 아무튼 여러 가지 일이 생길 수 있는 것이다.

이럴 때 여행을 통해 서로 100% 공감하는 것도 아니요, 가치관이 100% 다르다고 생각하는 것도 아니어서, 인생은 회색지대로 가득 차 있고 복잡하다. 어떤 부분에서는 공감하면서도 다른 부분에서는 위화감을 느낀다든지, 그 위화감도 나름대로 재미있게 다가온다는 등, 이런저런 생각이 복잡하게 얽힌다. 평온한 시간 속에서 사소한 대화의 틈이 생겨 그것이 재미있게 느껴지기도 하고, 동시에 뭐라 말할 수 없는 거리로 느껴지기도 한다.

이러한 전개 또한 오목함과 볼록함 또는 리듬이며, 여행 전체를 통해 그 사람에 대한 긍정적인 마음과 부정적인 마음이 파도를 그리며 복잡하게 퍼져나간다. 그런 감정의 움직임을 한마디로 표현해달라고 해도 도저히 한 마디로는 해결되지 않는다.

뭔가가 부족하다, 혹은 뭔가가 빠져 있다, 그리고 그것이 채워진다, 하는 0→1의 비트가 있으면서, 거기에는 속하지 않는 더 복잡한 굴곡이 있다. 제3장에서는 '부재 대 존재'의 대립으로 사물을 보는 방법과 여러 요소가 얽히고설킨 굴곡으로 보는 방법의 이중적 관점을 설명했다. 여기서는 인간관계의 작은 의미를 한편으로는 0→1로도 파악할 수 있지만, 그보다는 굴곡으로서 이해해보자는 방향으로 간다.

여행 첫날에는 이런 농담을 했다든가, 둘째 날 점심을 먹을 때는 이런 기분이 들었다든가, 여행의 단편을 떠올리며 하나하나의 반짝임을 본다. 그것은 복잡하게 커트된 다이아몬드를 다양한 각도에서 보고, 광채를 즐기는 것과 같다.

인생의 사건은 그렇게 다면적으로 즐길 수 있다. 이러저러해서 좋다, 이러저러해서 안 된다, 이렇게 해야 한다는 식의 대립이 문제가 되기도 한다. 그것이 바로 현실이라고 생각한다. 하지만 동시에 판단하지 말고 오르락내리락하는 전개를 맛보는 인생을 마주하는 방법도 있다. 좋고 나쁨이라는 건 뭔가가 부족해서 채우려는 시도라고 볼 수 있다. 즉 이것은 0→1로 바꿔 말할 수 있는 것이다. '나쁘다'는 결핍을, '좋다'는 채워진 상태를 의미하니까. 그건 확실하다. 하지만 그 이상의, 때로는 불합리하고 한심해 보이기도 하는 삶을 긍정하며 사는 것이 인간이 아닐까?

　영화를 보거나 소설을 읽는 경우를 생각해보자.

　하나의 작품에 대해 즐거워하거나 슬퍼하거나 용서할 수 없다거나 도덕성에 감동했다고 말하지만, 그런 대강의 감동보다도 별달리 중요하다고 생각되지 않는 작은 의미에 중심축을 두고 '요컨대 무엇인가'가 아니라 '여기는 이렇게 되고, 다음엔 이렇게 되고……'라는 전개의 리듬만으로도 즐길 수 있다. 작은 의미의 리듬을 타는 것이다. '요컨대 무엇인가'라는 큼직한 의미를 알 수 있어야 '안다'고 할 수 있는데, 그렇다고 각 부분의 '리듬'만으로도 감상의 질이 떨어지는 건 아니다.

모더니즘, 포멀리즘

좀 잘난체하는 것 같아 반발이 있을지도 모르지만, 그냥 말하겠다. 아마도 이렇게 말해야 또렷해질 테니까. 근현대의 예술관 즉 모더니즘의 경우엔, 부분의 재미를 제대로 보고 있느냐 하는 것이 '알고 있는가, 아닌가'를 가리는 기준으로 간주된다. 좀 더 듣기 거북한 표현을 써볼까. 쉽게 받아들일 수 있는 큰 의미를 배신하는 듯한 미묘한 작은 의미에 주목할 수 있느냐가 바로 센스라고 하는 가치관도 있다.

이에 대해선 보충해서 설명하도록 하자.

'무슨 말을 하고 싶은가'가 아니다. 부분에 눈길을 주고 디테일만을 보는 '표면적'인 견해야말로 예술 감상으로서 상위에 있고, 그로 인해 감동했다거나 인생의 깊은 의미를 말하고 싶어 하는 것에 대해 시비를 거는 게 한때 유행했다. 아마 요즘 젊은 사람들은 모를 것이다. 일본에서 그 대표적인 것이 하스미 시게히코(蓮實重彥)의 영화 및 문학 비평이다. 나도 그의 영향을 받았거니와, 이 책의 접근법은 3분의 1 정도가 하스미적이라 할 수 있다.

실제로 하스미 선생이 쓴 글과 완전히 똑같지는 않지만, 간단하게 모델화해보겠다.

• 즉물적(即物的) 디테일, 그것도 아주 자잘한 것에 주목하여 그것이 어떤 작품에 대해 익히 알려진 인상에 대해 판을 뒤엎어버리는 효과를 발휘하는 것처럼 말한다.

아주 작고 보잘것없는 것이 크고 깊은 것을 물리친다. 뭐, 어떤 의미에서 이것은 일본적인 마인드인지도 모른다. 그렇지만 이거야말로 사실 서양이 근대화에서 걸어온 발자취를 확실하게 이어받은 것이다.

예술은 위대한 것을 표현한다는 것이 과거의 상식이었고, 거기서 위대하지 않은 것을 다루는 예술로 옮겨간 것이 근대요, 모더니즘이다.

사람들의 일상을 그린 그림이나 사회의 어두운 면을 건드리는 작품은 현대인에게 지극히 평범한 것으로 생각되지만, 처음에는 반발을 받아 당시 가장 앞서가는 지성인들의 옹호를 받아야 했다. 그땐 '위대하고 큰 의미가 없으면 안 된다'라는 생각이 주류였고, 시시한 일상을 그리는 그림으로는 에두아르 마네 등이 선구적이었다. 그리고 의미보다는 그저 보이는 것을 그리는, 빛의 변화를 그리는 식으로 지금도 큰 인기를 얻고 있는 모네 등의 인상파가 등장하게 되었다. 그러한 작품들이 모여 있는 곳이 파리 오르세 박물관(Musée d'Orsay)이다.

잠시 주제를 좀 벗어나 지극히 사적인 파리 안내를 해볼까 한다. 파리에 간다고 하면 우선 루브르 박물관(Musée du Louvre)부터 생각할지도 모르지만, 루브르는 엄청나게 커서 고대부터 근대까지 아우르는 박물관으로서의 측면도 있어 미리 볼 곳을 좁혀야 한다. 내가 추천하고 싶은 경로는 오르세에 갔다가 퐁피두센터(Le Centre Pompidou)로 가는 것이다. 루브르는, 글쎄, 언젠가 기회가 되면 가보는 걸로 하자. 「모나리자」보다는 마네의 「풀밭 위의 점심 식사」를 감상하시기 바란다. 오르세에 가면 19세기 파리 근대 예술의 요체를 알 수 있다. 그러고 나서 현대 미술을 다루고 있는 퐁피두센터를 본다.

오르세 미술관은 옛 역사(驛舍)를 사용한 건물이다. 미술관 자체가 일상의 한 장면을, 그리고 기관차, 교통의 발달, 네트워크라는 근대 기술의 행방을 상징하는 것이다.

위대하지 않은 것이 주제가 된다. 근대성(그 당시의 현대성)이란, 변해가더라도 상관없는 것에 있다. 시인 샤를 보들레르(Charles Baudelaire)는 《현대 생활의 화가(Le Peintre de la vie moderne)》라는 에세이를 통해 이를 옹호했다.

이제 작은 디테일로 판을 뒤엎는다는 그 이야기로 돌아갈 텐데, 어쨌든 예전에는 위대하지 않으면 안 된다는 권위적인 압력이 굉장히 강했으며, 그에 반해 사소한 것의 재미를 내세워 말해야 하는 상황도 있었다. 하스미 식으로 '표면적으로만 본다'라는 것이 거꾸로 시빗거리가 된 데는 그런 배경이 있었기 때문이라고 생각한다.

인터넷 이후 오늘날에는 만화, 애니메이션, 게임, 대중음악 같은 대중문화와 과거의 '위대한' 예술작품을 나열하는 것도 부자연스럽지 않지만, 예전에는 문화의 상하 관계, 고급문화(high culture)와 하위문화(subculture)의 선 긋기가 훨씬 더 또렷했다. 예전에는 영화라는 장르조차 제대로 된 장르라고 생각하지 않았다. 만화는 더 말할 나위도 없다. 지금은 만화를 읽는 것도 귀찮게 여기는 시대가 되었지만.

부분을 지극히 즉물적으로 보는 것, 그러니까 의미에서 리듬으로의 전환이라는 것은 위대한 것에서 사소한 일상으로, 권위에서 민중으로 나아가는 흐름이며, 그런 의미에서 모더니즘이라고 할 수 있다.

리듬(즉 단순한 형태), 색, 울림 등은 탈의미적이며, 거기에 주목하는 견해를 '형식주의' 또는 '포멀리즘(formalism)'이라고 한다. 색이나 울림이나 맛 등도 추상적으로 말해 '형태'라고 하자. 양식 혹은 형태를 중시하는 움직임이 형식주의인데, 그것을 첨예화하고 지극히 하찮은 부분적 형태에 주목함으로써 권위적인 의미를 부여하는 '반항'이 한때 유행했지만, 이번에는 그것이 권위가 되어버리는 결과를 낳았다. 그 반항을 '양아치 포멀리즘'*이라고 부르자.

이 책에서는 '리듬 혹은 형태를 보는 것'과 '큰 의미를 아는 것'을 양립시키고 싶다. 일단 그런 배경이 있다는 건 알고 난 다음, 예전의 '양아치 포멀리즘'에서 벗어나 좀 더 평상시 온도의 포멀리즘을 지향한다.

그때는 포멀리즘의 극단화를 멈추고 의미를 아는 것도 중요하다는 지극히 평범한 감각을 어느 정도 되찾을 필요가 있다.

감동을 반으로 줄이고 사소한 부분을 말로 표현한다

양아치(츳파리)가 되지 않는 포멀리즘을 도입하려면 이런 식으로 말

※ 일어 원서에는 1980년대 일본 비행 청소년을 가리키는 츳파리(ツッパリ)라는 표현을 썼는데, 이는 양아치 혹은 불량배를 뜻하는 말이다_역주

해야 하지 않을까. 영화를 보거나 소설을 읽을 때 "우와, 너무 감성적인 걸." 또는 "이 얼마나 가슴 설레는 일인가."라든지 "이 얼마나 비참한 운명인가."라고 느껴지는 순간이 와도 우선은 그것을 절반쯤 억누르자고 말이다.

나 같은 연구자가 세밀하게 ―즉 포멀리즘 방식으로― 작품을 볼 때도 "진짜 힘들겠네."라든가 "재미있다!"라는 느낌이 든다. 그게 자연스러운 일이다. 하지만 그 어설픈 감상에 전적으로 휘둘리지 않도록 해야 한다.

큰 의미를 일단 보류하고 부분을 살펴보면, 여러 가지 작은 의미의 굴곡이 보인다. 거기에 감동했다거나 비참한 이야기였다거나 하며 크게 마음을 움직이는 면도 있다.

감동을 반쯤 억누르고 있다가 나중에 풀어주자.

앞서 말한 여행의 예로 돌아가 보자. 이번 여행은 좋았다, 이렇게 친해질 수 있어서 좋았다, 등의 큰 감상을 느꼈다고 한다. 하지만 곰곰이 돌이켜 생각해보면, 자잘한 부분에서 불안정한 느낌이 들기도 하고 차이를 느끼기도 한다. 그래서는 안 된다는 얘기도 아니다. 그런 복잡한 감정을 '맛'으로 누리는 것이다. 사람을 자세히 관찰하면 어떤 사람도 미워할 수 없다. 좋은 점도 있지만 나쁜 점도 있고, 재미있는 점이 있으면 짜증 나는 점도 있으니까. 종합적으로 말하자면, 역시 이 사람을 좋아한다고 생각할 수도 있고 좋아하지 않는다고 생각할 수도 있다. 인간의 본성도 오르락내리락하는 기복의 리듬이 있어서, 항상 일정하지는 않다. 상황에 따라 관계 방식에 따라, 사람이라는 리듬은 다양하게 생성되고 변화한다.

하지만 크게 결론을 내리기 전에 '작은 의미의 굴곡'을 느끼기는 어렵다. 왜냐하면, 그것을 말로 표현하기가 어렵기 때문이다.

지금까지 '한마디로는 말할 수 없다'라는 표현을 몇 번이나 썼는데, 정말로 그러하다. 그렇다면 어떻게 하면 좋을까. 어느 정도 단어 수를 늘려서 표현할 수 있게 연습할 필요가 있다.

• 한마디로 말할 수 없어 이해하지 못했다. 그래서 '무슨 뜻인데?'라는 말이 나오기 쉽지만, 그 너머로 센스를 발휘하기 위해서는 사소한 일들을 언어화하는 연습이 필요하다.

그것은 중요해 보이지 않는 사소한 뭔가라도 어떻게 되어 있는지를 '관찰'하고 언어화하는 연습을 가리킨다. 예를 들어 가구점에서 조명 스탠드를 보고 "여기가 이런 모양이면 좋겠는데." 같은 사소한 요소부터 시작하는 것이다. 그렇게 하기는 의외로 어려울지도 모른다. 그런 언어화에는 심리적인 허들(장벽)이 있다. 의미도 없고 목적도 없다는 생각이 들기 때문이다.

일상의 소소한 일들을 그저 말로 표현해보자. 그것이 예술 제작의 시작이다. 뭔가를 보고, 듣고, 먹는 경험이 말의 리듬을 만들기 때문이다. 그러면 이제 그것은 문학이 된다.

어떤 작품에 대해 그 부분에서 부분으로 시선을 돌리고, 뭔가 짚이는 바가 있어 그것을 말로 표현한다. 하지만 전체적으로 무엇을 말하고 싶은지 결론이 나지 않더라도 충분히 '비평'이라고 할 수 있다. 그게 바로 비평이라는 '작품'이다. 즉, 문학이다.

의미란 무엇인가 - '가깝다'와 '멀다'

지금까지 '큰 의미에서 작은 의미로'라는 방향으로 설명했다.

이젠 거기에서 의미란 무엇인지, 더 깊이 파고들어 생각해보고자 한다.

지금까지는 선이 길고 짧다든가 침묵이 이어지고 나서 소리가 울린다든가, 하는 즉물적인 리듬으로 안내했다. 그래서 무엇이 그려져 있는지 알 수 없는 라우션버그의 추상화를 중심으로 예를 들었다.

하지만 이미 소설이나 영화도 예로 나왔으니 이제 의미에 관한 이야기로 들어가보자. 이야기가 있는 작품은 '의미를 알 수 있는' 것이다. 하지만 이야기에 관해서도 역시 리듬을 즐긴다고 설명했다. 한편으로는 무언가가 모자라서 그 구멍을 메운다는 0→1의 반복, 즉 비트가 있고, 동시에 더 복잡하고 한마디로 말할 수 없는 작은 의미의 굴곡도 있다. 이 양면이 합쳐지면 이야기를 이해하는 것도 리듬의 경험으로 파악할 수 있는데, '의미의 리듬'이라는 시점이 이미 존재하기 때문이다.

하지만 "의미에서 벗어나 리듬으로 가자는 이야기가 아니었나?" 하고 약간 혼란스러울지도 모른다. 그런데 의미란 기본적으로 말이 담당하는 것이라고 하자. 의미를 생각할 때는 별로 의식하지 않아도 머릿속 어딘가에서 언어가 작동한다. 여기서 말을 한다는 것은 의미를 그냥 형태로, 즉 리듬으로 파악하는 거랑 같다는 견해를 도입하고 싶다. 이상하게 들리겠지만 그것은 의미를 탈의미화하는 접근법이다.

그 작업에 착수해보자.

말이란 사물에 붙은 꼬리표 혹은 레이블(label)이라고 할 수 있다. 어릴 때 언어를 학습하는 과정에서는 실제로 무언가를 보는 장면에서 스티커를 붙이듯이 '이것은 토마토'라는 식으로 말을 가르친다. 어떤 말이 '뭔가의 옆에서 들리면' 그 말의 의미를 알 수 있다. 말에 있어서는 '가까운 것'이 본질이다. 빨갛고 둥근 채소가 있는 옆에서 '토마토'라고 하면 '토마토'라는 단어가 —그것은 음성의 리듬일 텐데— 그 빨갛고 둥근 채소와 연결된다.

가까이 있는 것, 옆에 있는 것, 인접해 있는 것. 언어 학습이 더 진행되면 토마토에 따라오는 '빨간색'이라는 단어는 여러 '가까운 것'과 집합을 이룬다. 출발점이 토마토라면 그 붉은색이 무슨 꽃 색깔과 같다는 걸 알게 되고, 다시 난로의 불이나 상처 입었을 때 나는 피로도 이어진다.

베란다에 있는 어린이용 수영장에 누가 물에 닿았는지 "아 차가워!"라는 말로 반응했다고 가정해보자. 그 '차갑다'라는 말이 이번에는 아이스크림을 먹을 때 쓰이면 수영장 물과 아이스크림이 연결된다.

그렇게 해서 연상이 작용하게 되고, 연상을 통해 가까운 것이 '의미의 구름'을 형성한다.

또 하나, 언어의 움직임을 제어하는 중요한 요소가 있다. 먼 것이다. 멀리 떨어져 있는 관계를 극단화하면 '대립'이 된다. 하지만 우선 가까운 것과 멀리 있는 것 사이에 그러데이션(gradation)이 있다고 생각해보자. 거리의 차이가 다양하게 있다는 뜻이다.

온도가 낮아지면 뜨거운 것이 차가운 것이 되고 따뜻한 색이 차가운 색으로 변한다. 밝은 울림이었던 것은 탁하고 어두운 울림이 된다.

가까운 것끼리 모인 '의미의 구름'이 있다. 그리고 거기에서 멀리 떨어져 있는, 그것과는 닮지 않은 '의미의 구름'이 있다. 수많은 '의미의 구름'이 서로 가깝거나 멀리 있는 추상적인 이미지다.

이러한 구조로 언어를 파악하는 것이 ChatGPT다. 대량의 문장 데이터를 읽어 들여 그 특징을 학습하고, 그에 따라 새로운 문장을 생성하는 인공지능이다. ChatGPT로 대표되는 텍스트 생성 인공지능은 "의미란 무엇인가?" "언어란 무엇인가?"라는 거대한 문제에 대해 하나의 견해를 제시한다고 생각한다. 그것이 결정적인 답은 아니라고 생각하지만.

AI와 인간 - ChatGPT로 생각한다

우선 짚고 넘어가고 싶은 것이 있다. 사전에 쓰여 있는 단어의 의미는 기본일 뿐이며, 실제로 단어가 사용되는 장면에서는 그 뉘앙스가 훨씬 다양하다는 점이다. 물론 사전에 그 단어가 사용되는 상황이 모두 적혀 있는 것은 아니다. 상황이나 문맥에 따라 말의 의미가 미묘하게 달라지기 때문이다.

애초에 우리는 사전을 찾아가며 국어를 배우지 않는다. 생활하면서 대강의 의미를 알게 되는 게 보통이고, 사전은 확인을 위해 또 특수한 단어를 알기 위해 찾는 것이다. 무언가를 보거나 듣는다든지 사람의 행동이나 사건을 지켜봤을 때, 그 근처에서 그걸 가리키는 어떤 말이 나오고 그 말은 그런 상황을 가리키는 것으로 기억되는 것이다.

ChatGPT는 어떻게 자연스러운 문장을 생성할 수 있는 것일까? 우선 ChatGPT가 '의미'를 어떻게 이해하고 있는지, 생각해보자. 인간이라면 '사과의 붉은색'이라고 하면…… 뭐랄까, 그 선명하고 강한 그 색이 떠오른다. 사과의 이미지다. 그게 어떤 의미인지는 현대 과학에서도 아직 결론이 나지 않았지만, 어쨌든 뭔가의 '질(質)'로서 이해한다.

그러나 ChatGPT는 '그 색의 이미지를 떠올리는 것'이 아니다.

ChatGPT는 '빨강'이라는 말을, 예를 들면 '사과'와 자주 사용되는, '토마토'나 '불'이나 '피' 등과 같이 사용되는 단어가 나오는 곳을 보고 '얼마나 가까운 데 있는가'로 파악한다. '빨강'의 뜻은 다른 단어에 대해 얼마나 가까이에서 나오기 쉬운가, 하는 것뿐이다.

한 단어가 다른 단어와 함께 나올 확률은 얼마나 될까?

조금 더 설명하겠다. ChatGPT는 대량의 텍스트를 바탕으로 하고 있는데, 우리가 여러 가지 단어를 실제로 어떻게 사용해왔는지에 대한 '예문(例文)'들이 대량으로 존재한다는 것이다. 사실상 '빨간색'은 이런 예문에서 나오는 것이므로 주위에 어떤 말이 있을 때 잘 나오는지 그 확률을 보는 셈이다. 그것만 보는 것이다.

ChatGPT에 질문을 던진다고 가정하자. 이 질문을 프롬프트(prompt)라고 부른다. 예를 들어 "예술에서 리듬이란 무엇인가?"라는 프롬프트를 준다. 이 프롬프트는 문장이며 단어의 집합이다. 이와 관련해서는 복잡한 이야기가 되므로 축약해서 말하지만, 이 문장에 대해 대량의 예문을 바탕으로 '예술'이나 '리듬' 다음에 어떤 단어가 오는 게 높은 확률인지 계산한다. 그렇게 해서 차례차례 말이 나오고 대답이 생성되는데, '다음에 올 말로서 가장 확률이 높은 것은?'이란 계산을 반복하면 그런 결과가 나온다.

참고로 가장 확률이 높은 말만 선택하는 것은 아니다. 오히려 다음에 오는 말로 가끔은 확률이 낮은 말을 내놓기도 한다. 그렇게 하면 답이 '리얼'해진다고 한다. 그게 어떤 의미인지는 잘 모르는 모양이다.

다만 직관적으로는 알 수 있는 이야기라고 생각한다. 예문이란 지금까지의 관습, 자주 있는 패턴이라서 간혹 거기서 조금 벗어난 게 나오면 리드미컬해지기 때문이다. 규칙적인 데서 일탈이 일어나면 사람은 생동감을 느끼는 법이다.

그런데 과연 인간의 언어도 이렇게 구성되어 있을까?

ChatGPT와 같은 '대규모 언어 모델'은 언어가 무엇인지에 대한 하나의 견해를 보여준다. 말은 지금까지 사용하던 방식대로 꿰맞추기만 해도 그럭저럭 쓸 수 있다는 뜻이다.

그래서 이것 자체가 의문스럽기는 한데, 가령 인간에게 진정한 사고가 있고 의미를 생각한다면, 반대로 인공지능은 아무것도 생각하지 않는다. 그저 주어진 단어 다음에 무엇이 와야 '그럴싸한가'라는 것뿐이고, 공허한 단어를 줄줄이 늘어놓을 뿐이다.

뭔가 질문을 받았을 때 대체로 이렇게 대답하면 무난하다는 식의 '틀'에 박힌 대답이 나오기도 하는데, 답이 죄다 그런 식이다. 하지만 그렇게 생각하다 보면 우리 인간은 얼마나 ChatGPT와 다른가 하는 의문도 생겨나는 것 같다.

ChatGPT는 질문의 '진정한 의미'를 전혀 고려하지 않는다. '진정한 의미'라는 것이 있다면 말이지만. 뭔가 질문을 받으면 그 자리에서 그럴싸하게 대답하지만, 실은 제대로 생각하고 있진 않은…… 그런 '분위기를 잘 타는 녀석'이 있지 않겠는가. 그런 녀석의 궁극적인 모습이 바로 ChatGPT다. 강조해서 말하지만, '곰곰이 생각하는' 점이라곤 조금도 없는 완전히 제로 상태라서 —뭐, 이것은 인간에게는 인공지능 이상의 사고가 있다는 전제에서 말하는 것이지만— 궁극적으로 그저 분위기를 잘 타는 녀석일 뿐이다.

ChatGPT는 의미를 알 수 있는 문장을 생성한다. 그러나 그 의미는 단지 가깝거나 먼 곳에서 선택된 것뿐, 말들 사이의 거리라고 하는 굴곡 있는 형태에 지나지 않는다. 바꿔 말하면 단순한 리듬이라서 분위기만 잘 타는 녀석이다.

ChatGPT가 생성하는 '의미를 알 수 있는 문장'이란 것은 의미라는 틀을 벗어버린 리듬이다.

　오로지 말의 거리 관계에만 초점을 맞추면, '의미란 것을 탈의미화하
여 단순히 굴곡이 있는 것으로 파악'하는 것이 가능해진다.

　자, 이 AI의 설명을 바탕으로, 하던 이야기로 돌아가도록 하자.

　이 장에서는 대강의 감동을 절반으로 줄이고 '의미의 리듬'만을 보자
고 제안했다. 이는 AI가 문장을 생성하는 것에 가까운 상태가 되는 것
과 비슷하다.

　소설이나 영화에 있어서 전체적으로 무엇을 말하고 싶은가 하는 것
이 '큰 의미'이며, 사람은 대개 큰 의미를 이해함으로써 감동한다. 다만
그러한 감동은 나중에 느끼기로 하고, 일단 부분마다 무슨 일이 일어나
고 있는지, 다양한 부분에 깃든 '작은 의미'를 보고 그 얽힘을 즐기자고
안내했다. 거기서 더 깊이 파고들어 의미라는 것 전반을 '무엇과 무엇이
가깝고 먼가, 하는 거리의 리듬'으로 느끼는 거라고 설명했다.

　하지만 인간은 AI가 아니다. 감정이 있고 욕망이 있으며 살아가기 위
해 어떻게 해야 하는지, 무엇이 생사에 얽혀 있는지를 생각한다. 그것을
반으로 줄인다고 해서 AI가 되는 것은 아니지만, 다만 의미를 탈의미적
으로 다루는 것에도 익숙해질 수 있다는 말이다.

　라우션버그의 추상 회화처럼 언뜻 보기에 '그저 형태나 색이 있을

뿐'인 작품과 달리, 의미를 알게 되는 소설 등의 경우에는 최종적으로
큰 의미로 정리하려는 힘이 강하게 작용하여 부분을 포멀리즘 방식으
로 읽기가 어려운 경향이 있다. 의미를 탈의미적으로 리듬으로 다룬다
는 것은 이야기 예술에 대한 포멀리즘이라고 할 수 있다.

대립 관계와 리듬

의미를 올록볼록 기복의 리듬으로 파악한다. 먼저 대립이라는 단순한
관계에 주목한다. 뜨거운 것과 차가운 것, 단단한 것과 부드러운 것, 매
운 것과 단 것 등등.

　빨강과 파랑도 대립에 놓이기 쉬운데, 빨강은 뜨거움이나 정열 등으
로 이어지고, 파랑은 차가움, 물, 하늘, 넓게 펼쳐진 느낌 같은 이미지를
연상시킨다. 이런 이야기는 ChatGPT와 마찬가지로 과거의 사례에서는
사실상 그렇다는 이야기다.

　붉은색 주변에 우리의 연상으로 연결된 것들이 우르르 모여 '의미의
구름'을 만든다. 반대 방향에는 파랑이 있고, 파랑 주위에는 차갑다거
나 넓은 느낌 등과 연상으로 연결된 것이 구름이 된다. 새빨간 그림을
보고 거기서 강렬함이나 정열을 느끼는 건 자연스럽다고 할까, 흔한 예

일 것이다. 자란 환경이 특이하지 않다면 말이다.

그림에서 어떤 색을 보면 그와 비슷한 이미지가 연상되고, 더 멀리 떨어진 대립적인 색이 있는 곳을 보면, 그 반대의 가치를 지닌 것이 연상되어 이미지가 부딪치는 느낌이 든다.

소설에서도 예를 들어보자. 빨간 차를 타는 인물은 조금 화려한 사람이라는 인상을 받고 검은색 차를 타는 인물은 어딘가 중후하고 높은 사람이나 야쿠자 같다는 인상을 받는다.

그런 색채의 조립은 스토리 전개와 연결되기도 한다. 예를 들어 장면이 어두운 풍경에서 시작해서 뒤이어 파란 하늘이 나오면 단번에 해방된 느낌을 받는다. '앞뒤가 꽉 막힌' 듯한 느낌의 검은색에서 '해방감'이 느껴지는 파란색으로 의미의 리듬이 있고, 이 또한 억눌린 상태에서 갑자기 빛이 나타난다는 0에서 1로의 전개로 파악할 수 있다.

통상적인 대립을 뒤집는 방법도 있다. 글쎄, 예를 들어 '불타는 듯한 파란색' 혹은 '시끄러운 파란색' 같은 표현은 어떨까? '불타는 듯한'이라든가 '시끄러운'은 붉은색이나 노란색 쪽이 더 자연스러울 것 같은데, 이를 차가운 색 계열 쪽으로 가져오면 기묘하면서도 동시에 문학적 깊이라고도 할 만한 표현이 나온다. 일반적인 의미에 예사롭지 않은 뉘앙스가 더해지는 것이다. 파란색에는 고요하고 냉정하다는 이미지가 있는데, 거기에 잠재적인 운동성이 들어 있는 표현이다.

이런 표현은 기쁨과 슬픔이 얽혀 있는 인생의 복잡함과 비슷하다. 인생을 그저 단순한 말로 표현할 수 없는 것과 마찬가지 아닌가. 한마디 말로 정리된 '큰 의미'로는 좋고 나쁨을 말할 수 없는 생생한 현실을 파악하기 위해서, 이처럼 언뜻 모순되어 보이는 문학적 표현이 필요한 것이다.

"사람들에게 사랑받는 성실한 빵집 주인이 알고 보니 냉혹한 사이코패스였다." 미스터리 작품에서는 그런 식으로 인물을 만들어내는 생각을 할 수 있다. 내 편이라고 생각했던 사람이 어느 날 갑자기 배신한다는 것도 평탄했던 상태에서 사건이 발생한다는 서스펜스 구조로 의미의 굴곡이 역전되면서 생기는 드라마라고 할 수 있다. 이는 드라마로서 '일반적인 의미를 알 수 있는' 구조인데, 요컨대 울퉁불퉁 기복이 있게 구성된 것이다. 의미를 알 수 있는 이야기의 전개는 보는 관점에 따라서는 단순히 (의미의 틀을 벗어던진) 리듬의 변화라고도 말할 수 있다.

소설에서 어떤 인물의 태도가 갑자기 바뀌는 것과 추상 회화에서 화면이 노란색과 보라색으로 선명하게 칠해져 있는 것을 비교했을 때, 인간은 역시 인간에게 흥미가 있고 '배신을 주의하라'와 같은 진화론적인 면이 있어서 인간의 문제가 더 중요하다고 생각할 것이다. 하지만 일단 그런 우선순위를 보류해두자. 인물의 변화도 회화에서의 색채 대립도 모두 리듬의 문제이며, 우리를 깜짝 놀라게 하고 관심이 생기도록 하는 기능을 담당하고 있다. 그것은 근본적으로 거슬러 올라가면 일정한 상태에 대해 자극이 일어났을 때 원래의 상태로 되돌리려고 하는 생물의 근본적인 경향(호메오스타시스)과 연결되는 것이다.

의미의 리듬

리듬이라는 관점에서 소설을 읽으면 어떤 인물이 무엇을 했는지, 어떤 기분이었는지는 물론이거니와, 다양한 대상이나 풍경 등의 리듬 그리고 내용뿐만 아니라 문장 자체의 리듬이 재미있게 느껴진다.

설명을 좀 더 보충해보자. 리듬을 파악하기 위해 먼저 대립에 주목했으나 의미의 관계란 '거리'이며, 뭔가와 뭔가가 일대일로 관계하는 것이 아니라 여러 방향으로 여러 거리에서 요소들이 얽혀 있다. 각 부분을 대립에 주목하여 이해하면 '뜨거운 쪽'과 '식어 있는 쪽(다시 말해 뜨겁지 않은 쪽)'처럼 무언가의 결핍을 중심으로 파악하게 된다. 그러니까 0과 1로 보는 것이며, 부분마다 0과 1의 비트를 자세히 보게 되는 것이다. 그러나 그것은 단편적으로 파악하는 방식이다. 더 복잡하게 여러 요소가 얽힌 굴곡을 파악하자는 견해도 있는데, 그 경우에는 대립이 아니라 '가까워졌다 멀어졌다 하는 거리의 그러데이션이 펼쳐지고 있다'라는 식으로 보게 된다.

이야기에서는 인물을 중심으로 흐름을 따라갈 수도 있지만, 대상이나 풍경이나 분위기 등의 변화에 중심을 두면서 사람의 움직임을 최우선으로 고려하지 않는 관점도 있다. 사람에 주목해서 스토리를 파악하는 것이 가장 기본이라고 생각하겠지만, 사물이나 풍경의 리듬 속에 사람을 집어넣음으로써 복잡한 오케스트라처럼 이야기를 파악할 수도 있다.

그림이나 소설의 각 부분에서 의미가 가까운 곳에 있는가 아니면 먼 곳으로 날아가는가, 하는 리듬 말이다.

우선 단순화하면 '가깝다, 가깝다, 멀다', '멀다, 멀다, 가깝다'와 같은 비트가 있다. 빨간색의 물건이 있다고 할 때, 다음에 오는 것이 관련이 없는 이미지다(즉 빨간색이 없다), 아니면 가까운 이미지다(즉 빨간색이 옆에 있다), 하는 뜻으로, 이것은 '까꿍 놀이'의 구조라는 것이다. 0과 1의 비트이다.

반면에 더 복잡하게는 여러 요소의 거리가 ─여기서 거리는 명백한 대립이 아니라 늘었다 줄었다 하는 원근(遠近)이다─ 굽이치면서 전개되는 생성변화가 한쪽에 있다는 식으로 둘 다 파악하고 싶다.

- 부재 vs 존재의 비트: 대립으로서의 의미
- 생성변화의 파도: 거리로서의 의미

감동에는 두 가지가 있다 – 대략적인 감동과 구조적인 감동

이 챕터에서 말하고 싶었던 '의미의 리듬'에 대한 설명은 여기까지다. 하지만 조금만 더 보충할까 한다.

감동이라는 것을 두 종류로 나누면 어떨까?

하나는 '대략적인 감동'이다. 좋은 이야기나 비참한 이야기에서 느껴지는 감동이 작품의 큰 의미에 속한다는 것은 이미 알고 있을 것이다. 그에 반해 또 하나의 감동이 있다. 여기저기에 나타나는 작은 의미의 얽힘, 그 안에서의 의미의 리듬, 즉 거리가 가깝기도 하고 멀기도 한 다양한 사안의 리드미컬한 전개를 재미있게 느끼는 것. 이것도 일종의 '감동'이라고 생각한다. 디테일이 어떻게 얽히고설켜서 작품이 됐는지를 보는 것, 다시 말해 '구조'를 보는 것이다. 이것을 '구조적 감동'이라고 부르자.

대략적인 감동 없이 갑자기 구조적인 감동이 느껴지는 사람은 많지 않다.

훈련을 쌓으면 할 수 있다고는 하지만, 당장 할 수 있는 노릇은 아니다. 보통은 희로애락의 충격이 먼저 감동으로 다가오는데, 그걸 어떻게든 반으로 줄였으면 한다. 그러고 나서 '의미의 리듬'을 재미있어하는 구조적 감동이 가능해지도록 몸만들기를 해나가고 싶다.

• 센스란 희로애락을 중심으로 하는 대략적인 감동을 절반으로 줄이고, 다양한 부분의 재미에 주목하는 구조적인 감동을 할 수 있는 것을 말한다.

그러기 위해서는 작고 사소한 일을 언어화하는 연습이 필요하다.

인간은 생활에서의 좋고 나쁨을 우선시한다. 즉 생물로서의 생존이 중요하기에, '이 사람은 나쁜 사람이다, 그래서 피해야 한다'라든가 '주인공이 행복해졌으면 좋겠다'와 같은 감상이 먼저 오는 것이다. 인간이 질서 있는 무리를 이루는 사회적 동물인 이상, 그 생물적 필요성에서 그런 감상적인 면이 있음을 의식하는 건 도움이 되리라고 생각한다. 다만 그게 전부는 아니란 걸 알아두자. 인간은 사회적 동물인 동시에 더 자유롭게 상상력을 펼치는 힘이 있다. 구조적 감동은 생존과 직결되지 않는 무익함을 즐길 수 있다는 인간성과 결부되어 있다.

이런 관점에서 말하자면 사소한 일을 언어화한다는 것은 그 어감으로는 안 좋게 들리지만, '쓸데없는 말'을 풍족하게 전개하는 연습이다.

소설이란, 크게 말하면 무언가의 결핍을 메운다는 생물의 근본 운동에 이끌려 그 해결을 지연시켜서 —즉 서스펜스 구조를 설정해서— 장황하게 쓸데없는 이야기를 펼쳐나가는 것이며, 결과적으로 그와 같은 볼륨이 되는 것이라고 할 수 있다. 소설의 이런 원리적인 모습을 대표적으로 보여주는 것이 카프카라고 생각하는데, 결국 무엇인가 하는 대의미를 내걸고 쓸데없는 서스펜스가 끝없이 펼쳐진다. 주인공에게 자잘한 방해가 들어가면 이러쿵저러쿵 쓸데없는 이야기를 써야 하고 그에 따라 이야기가 길어진다. 그의 소설 《성》이 참고가 될 것이다.

오락 소설과 순수문학

의미의 리듬으로 보면 미스터리와 같은 오락 소설과 이른바 순수문학 작품을 연결해서 파악할 수도 있을 것이다.

결핍을 메우는 것, 그러니까 0→1의 이행, 그것과 결부된 희로애락이 어떻게 감추어졌다가 공개되는가. 오락 소설의 경우 의미의 리듬이 대립의 비트를 중심으로 하고, 너무 복잡한 파도를 만들어 독자를 혼란에 빠뜨리지 않도록 한다. 숨겼다가 밝히는 '까꿍'을 의미 대립에 따라 다양한 규모로 설정하고 클라이맥스로 끌고 간다.

한편, 의미의 리듬이 더 세세하게 다루어지고 대립의 비트가 있으면서도 복잡하게 얽힌 굴곡의 중요성이 더 높아서 더 중간색과 같은 의미의 모호함 혹은 양의성(兩義性)을 나타내려는 경향이 강해지면 순수문학에 가까워진다.

엔터테인먼트 성향의 소설론에서는 불필요한 묘사를 피한다고도 하는데, 그것은 독자에게 본 줄거리에서 벗어난 연상을 해야 한다는 부담을 주지 않기 위해서일 것이다. 그에 비하면 순수문학의 경우엔 세밀한 묘사가 아주 중요한 것이다.

예를 들어 잡목림을 묘사한다고 하자.

잡목림이 보인다. 그때 나뭇잎의 일부를 묘사하는 것으로 시작해서 어느 나무숲의 전체적인 모습을 보여주고, 그다음에는 그 옆을 달리는 길이 보인다거나 혹은 그 인물이 생각하고 있는 과거의 기억이 연상적으로 끌려 나온다. 이처럼 풍경의 묘사와 겹치면서 기억이 떠오르는 전개를 생각해보자.

여기서 무슨 일이 일어나고 있는가. 우선 처음 나뭇잎이 묘사됐을 때 잡목림의 나머지 부분은 숨어 있는 것이다. 뒤이어 전체적인 모습이 서서히 밝혀진다. 여기에서도 숨겨져 있는 것이 밝혀지고, 그리고 밝혀진 곳에서 무언가가 다시 숨어 있고, 그것이 또다시 밝혀진다······ 하는 식의 '까꿍'이 이어진다. 0→1의 이행이다. 그와 동시에 다양한 디테일이 그려지고 그것이 과거의 기억을 불러일으켜서 현재의 지각과 과거의 이미지가 뒤엉키고 시간을 초월하여 굴곡을 이룬다. 순수문학적인 풍경 묘사에도 0→1의 이행이 자잘하게 연속되는 미스터리적인 전개가 있다고 할 수 있지만, 그와 동시에 전체적으로 굴곡을 맛보기만 해도 구조적인 감동이 생길 수 있다.

이 묘사에 대한 이러한 설명은 호사카 가즈시의 소설에서 이상한 매력을 느꼈던 부분을 염두에 두고 있다. 《계절의 기억(季節の記憶)》에서 인용한다.

이 산을 일단 내려가면 그곳엔 또 다른 바다 근처 산꼭대기에 '벼랑'이라고까지는 할 수 없어도 꽤 가파른 비탈에 우뚝 솟은 큰 집이 있다. 여름에 별장으로 쓰이는 듯한 리조트풍의 건물로, 거기에 사람이 있는 것은 본 적이 없지만, 그 집의 부지 뒤로 돌아가서(가파른 비탈의 맨 위에서) 주위를 둘러보면 맞은편 산이나 반쯤은 산으로 가로막힌 바다가 또 다르게 보인다.

거기까지 가는 길에는 여러 채의 집이 있고 길도 포장되어 있으며 차도 지나갈 수 있을 정도로 충분히 폭이 나 있다. 오래지 않아 길의 폭은 변함없이 그대로여도 포장이 아니라 그냥 흙길로 바뀌고 그 앞에 큰 대문이 보인다. 그 대문이 목적지인 산꼭대기에 있는 리조트풍 집의 입구이고, 대문 왼쪽 구석에 난 쪽문을 빠져나가면 여전히 그 집 부지이지만 거기서 집까지는 아직 이삼십 미터 길이 이어진다.

호사카 가즈시, 《계절의 기억》 원서 133쪽~134쪽이 텍스트는 '산 위의 리조트풍 집'이 어떻게 지어졌는지를 설명하는 부분으로, 아무런 사건도 일어나지 않고 희로애락이 적혀 있는 것도 아니다. 문체에 뚜렷한 개성이 있다고도 생각하지 않는다. 지극히 평범하고 일상적인 언어를 사용하고 있지만, 처음부터 혼잣말하듯이 정보가 제시되는 흐름에는 기묘한 리듬감이 느껴지고 그것만으로도 충분히 심금을 울리는 드라마가 된 것 같다.

전반부의 정리

자, 앞의 제4장까지가 전반부이다. 제5장부터 후반으로 들어가게 되는데, 전반부에서는 센스란 무엇인가, 센스를 활성화하려면 어떻게 해야 하는가 하는 것을 설명했다. 이쯤에서 이 책의 주요한 이야기는 일단 이해했다고 해도 좋을 테다.

간단히 흐름을 되돌아보자.

센스란 사물을 직관적으로 파악하는 것이며 다양한 장르에 걸친 종합적인 지각이다. 그래서 '어떻게 파악할 것인가'에 대해 예를 들어 그림을 보고 그것이 무엇을 말하려는 것인지, 무엇을 위한 것인지 등의 의미나 목적이 아니라, 그 자체를 파악하는 것이 센스라고 이야기해왔다. 그렇다면 그 자체라는 건 무엇인가? 그 자체는 '리듬'이라는 것이 이 책의 이론이다. 리듬이란 우선 '형태'를 말한다. 이는 너른 의미에서 말한 것이고 형태, 색깔, 울림, 맛, 감촉 등을 모두 '리듬, 곧 형태'로 간주한다. 그렇게 다양한 요소가 있는데, 그것들은 전부 '굴곡'있게 만들어져 있어 추상적으로 말하면 형태라고 볼 수 있다. 여기까지가 제2장.

그리고 3장에서는 바로 이론적인 이야기로 들어갔다. 리듬과 굴곡짐에는 두 가지 측면이 있는데, 하나는 무언가가 '없다'라는 상태, 즉 부재 상태에서 '있다'라는 존재 상태로의 전환이며, 그것은 0→1이라고 표시할 수 있다. 인간은 부족한 상태(결핍)를 채우는 데서 절실한 의미를 찾는다. 그래서 모든 리듬에는 간접적이기는 하지만 어딘가 절실함이 느껴진다. 동시에 형태나 소리, 울림 등은 복잡하게 얽혀 전개되기 때문에 단지 0→1로 환원할 수 없는, 더 교향곡과 같다고 해야 할 '굴곡'을 이룬다. 0→1로 이행하는 낙차를 '비트'라고 했는데, 굽이굽이 꺾이는 굴곡 속에서 비트가 명멸한다. 리듬은 '굴곡과 비트'라는 이중적인 관점이 가능하다.

의미나 목적에서 리듬으로 옮겨가는 것이며, 리듬은 너울대면서 비트를 타는 것이다.

그리고 제4장에서는 의미에 관해서도 리듬 위주로 파악하는 방법을 설명했다. 의미도 말하자면 즉물적으로 파악할 수 있으니까. 예를 들어 '뜨겁다'와 '빨간색', '혈액', '용기' 같은 단어는 가까운 관계로 연상에 의해 집합을 이룬다. 반면 '뜨겁다'와 '차갑다'는 대립 관계에 있거나 혹은 거리가 먼 관계에 있다. 그런 식으로 의미를 이해할 때는 '거리'를 느끼게 된다. 그리고 거리는 굴곡이라고 할 수 있다. 이에 따라 극단론이기는 하지만 의미도 굴곡의 문제에 불과하다고 할 수 있으며 ─그렇게만 의미를 다루는 것이 ChatGPT를 위시한 대규모 언어 모델 아닌가– '의미의 리듬'으로 파악할 수 있다.

의미의 리듬에 관해서도 대립(즉 0과 1)을 중시할 것인가, 아니면 더 복잡하게 다양한 거리에 요소가 얽혀 있다는 식으로(즉 굴곡으로) 파악할 것인가 하는 이중적인 관점에서 볼 수 있다. 의미의 리듬, 즉 거리의 굴곡 안에도 대립의 비트와 좀 더 복잡한 너울거림이 존재한다.

결론적으로 '센스란 무엇인가'라는 질문에 일단 다음과 같이 답할 수 있다.

- 센스란 사물을 의미나 목적으로 정리하려고 하지 않고 그저 다양한 요소의 굴곡 즉, 리듬으로 즐기는 것이다.
- 그리고 센스란 리듬을 파악할 때, (1) 결핍을 메웠다가 다시 결핍의 상태가 되는 비트, (2) 더 복잡하게 다양한 측면이 얽혀 있는 굴곡이라는 양면을 타는 것이다.
- 나아가 센스란 의미를 파악할 때 그것을 '거리의 굴곡, 즉 리듬'으로 파악하고, 거기에서 역시 굴곡과 비트를 느끼는 것이다.

제5장

나열하는 것

자, 이제 후반부다. 다시 한번 간단하게 설명해보겠다. '의미에서 리듬으로'가 이 책의 주제다. 그리고 리듬이란 올록볼록한 굴곡이다.

굴곡이란 요소가 어떻게 나열되어 있는가를 가리킨다.

어쨌거나 '나열하기'가 중요하다고도 할 수 있다.

여기 제5장에서는 나열하기에 대해 생각해보자. 의미나 목적이 아니라 단순한 리듬으로 파악하는 것이 센스의 시작이라면, 이는 바꿔 말하면 모든 예술과 생활의 다양한 측면을 '단순히 나열된 것'으로 본다는 뜻이 된다.

나열된 것으로 본다는 말은 감상자 또는 소비자로서의 입장이지만, '나열한다'라고 하면 그것은 제작의 측면, 생산자의 입장이다. 물건을 '일렬로 죽 늘어놓은' 상태로 파악하면 만드는 사람의 의식을 느낄 수 있고, 그러다 보면 본인도 스스로 해보자는 생각이 들게 된다.

나열한다는 키워드를 통해 제작과 감상을 연결해보자.

영화의 '샷'과 '몽타주'

그런데 센스가 '좋다'는 것에 대해서는 아직 충분히 이야기하지 않았다. 지금까지의 흐름으로 보면 그 말은 리듬의 센스가 좋다는 뜻이 될 것이다. 그러니까 '리듬감이 좋다'는 말인데, 결국 그게 재능이 아닌가 하는 이야기로 귀결될 것 같다.

하지만 이 이야기는 잠시 유보해두고 먼저 개념을 뜯어 헤쳐보자. 리듬이란 굴곡을 말한다. 지금 그러한 '굴곡을 어떻게 나열할 것인가'에 관한 이야기를 해보려고 한다. 그러면 '리듬감이 좋다'는 건 '굴곡을 어떻게 나열할 것인가'란 문제가 된다. 어떤 의미에서 나열을 잘하는 방법과 잘못하는 방법이 있다는 얘기인가? 하지만 이 문제는 일단 제쳐두고 다음 제6장에서 생각해보도록 하겠다.

그럼 나열하는 것에 대해 전반적인 이야기부터 해보자.

음악이란 것은 소리를 시간 축을 따라 옆으로 죽 나열한 것이다. 한 음씩 나열하면 멜로디가 되고, 소리를 쌓아 올려서 세로로 나열하면 그게 화음이다.

그림을 보면 세로와 가로로 모양이 나열되어 있는데, 거기에 색이나 물감의 두께와 같은 매개변수도 겹쳐 있고, 여러 매개변수에 따라 생긴 굴곡이 멀티트랙으로 나열되어 있다.

자, 여기서부터는 영화를 모델로 해서 생각해보고 싶다. 영화란 시청각이란 측면도 있고 소설처럼 이야기도 있는 종합적인 장르이기 때문이다.

영화에는 '샷(shot)'이라는 개념이 있다. 일반적으로는 잘 알려지지 않았지만, 영화이론을 다룬 책에는 반드시 나오는 개념이다. 샷은 다음 장면으로 전환될 때까지 하나로 연결된 영상을 가리킨다.

간단히 말하자면, 스마트폰으로 녹화 버튼을 누르고 주위를 한 바퀴 돌면서 찍고, 다시 버튼을 눌러 멈춘다 ― 여기까지가 하나의 샷이다. 이처럼 짧은 영상을 녹화해서 영상 편집 소프트웨어에 불러들여, 예를 들어 세 개의 샷을 나열하면 이제 짧은 영화가 되는 것이다. 일단 강조하거니와, 제대로 된 스토리가 없더라도, 촬영을 잘했든 못했든 상관없이, 샷을 늘어놓으면 그걸로 영화라고 할 수 있다.

이런 예를 생각해보자.

새가 울어대는 아침, 하얀 집을 정면으로 비추는 영상이 있다고 하자. 이것을 샷 A라고 한다. 다음으로 어두컴컴한 방에 빛이 들어오고 침대에서 일어나려고 하는 어떤 여자의 영상이 나온다고 하자. 이것을 샷 B라고 부른다. 샷 A가 나오고 이어서 샷 B가 나오면, 보통은 B에 나오는 여자가 아마도 A에 나오는 집에 살고 있는데 아침에 일어나는 것으로 생각할 것이다. 이렇게 여러 개의 샷을 늘어놓으면 인간의 뇌는 이야기를 지어내므로 '이런 이야기구나' 하는 의미가 생긴다. 이와 같은 샷의 연결을 '몽타주(montage)'라고 한다.

참고로 내가 대학에 들어가 영화론 수업을 들으면서 처음 받은 충격이 바로 이 '샷'과의 만남이었다. (게다가 대학에서 영화를 연구할 수 있다는 사실도 놀라웠지만) 그것은 1997년인가 1998년인가, 소설가이자 비평가인 마츠우라 히사키(松浦寿輝) 선생님의 수업이었다. 영화 일부를 보여준 다음 샷이 모두 몇 개였냐는 질문이 학생들에게 주어졌다. 나는 그때 처음으로 영화를 즉물적으로 보는 게 뭔지를 배웠다. 영화가 어떤 이야기인지 혹은 담긴 의미가 무엇인지를 먼저 보는 게 아니라, 만든 사람이 무엇을 하는지를 분석하는 것이다.

잘 알려지지 않은 몽타주의 재미

이 영화 용어를 응용하여 모든 것을 몽타주 관점에서 파악해보자.

자연스러운 영화가 되게끔 또렷하게 알 수 있는 의미를 만들어내기 위해서는 위화감이 들지 않게 몽타주를 구성하는 것이 보통이다. 그런가 하면, 왜 이다음에 이런 장면이 오는지, 당장은 그 의미를 알 수 없는 비약적인 몽타주도 있다. 그러한 의외성이 강해지면 알기 쉬운 오락 영화에서 멀어지고, 좀 더 예술적인 성격이 강해진다고 말할 수 있을 것이다.

연결되어 있지 않은 것 같은 비약이 계속해서 일어나는 몽타주, 연결이라기보다는 '단절'이 연속적으로 나오는 몽타주를 시도한 대표적인 영화감독이 장 뤽 고다르(Jean Luc Godard)다. 그 이유는 나중에 설명하기로 하고 우선 결론부터 말하자면, 고다르의 작품은 너무나도 멋져서 보기만 해도 황홀하다. 이러한 설명을 가치관의 강요라고 여길지도 모르지만, 그의 영화는 '폼 난다'는 게 어떤 건지를 정의하고 있으며 또 그것을 대표적으로 보여주고 있다. 나중에 다시 설명하겠다.

고다르 역시 작품에 따라 이야기 특성과 실험성 사이의 밸런스(균형)가 다채롭다. 영화라기보다는 실험 영상 같은 작품도 있는데, <언어와의 작별(Adieu au langage)> (2014년) 등을 보면 그 과격함을 알 수 있으리라 생각한다.

그에 비하면 좀 더 이야기 위주의 작품이지만, 나에게 인상 깊었던 장면은 예를 들어 <카르멘이라는 이름(Prénom Carmen)>(1983년)의 도입 부분이다. 이 영화는 일단 남녀 관계가 중심이 되는 영화인데 처음에는 전개가 잘 이해되지 않을 수 있다. 밤거리를 달리는 자동차 행렬, '파도'라는 단어를 포함한 여자의 내레이션에 해변의 영상이 포개진다. 그리고 갑자기 실내에서 현악 연습을 하는 사람들. 그 음악이 끝나지도 않았는데, 도중에 소리가 뚝 끊어지며 다른 장면으로 넘어가고 이번에는 젊은 여성이 나오는 녹음이 우거진 온실 같은 곳이 나온다. 그곳은 아무래도 병원의 복도 같다. 게다가 거기에 고다르 자신이 등장한다. 이렇게 시작해서 위에 나온 요소는 그 후 어느 정도 '회수'되지만, 이미 영화의 시작부터 이야기를 따라가기보다 지금 보고 있는 상황에서 다음 상황으로 넘어가는 그 자체를 즐긴다는 느낌이다.

갑자기 알 수 없는 장면이 불쑥 나올 때 눈이 번쩍 뜨이는 느낌은 사람을 황홀경에 빠트린다.

의미가 뚝뚝 끊어지는 연출이 이 영화의 멋진 혹은 폼 나는 점이다.

그 재미는 웃음과도 비슷하다. 한 방의 개그로 갑자기 이상한 포즈를 취하거나 이상한 표정을 짓는 것의 재미도 지금까지 기대했던 '다음에는 이렇게 될 것이다'라는 예측이 빗나가는 것, 다시 말해 갑자기 의미의 연결이 끊어지는 데 있다. 그 갑작스러운 빗나감에 놀라서, 말하자면 그 놀란 마음을 얼버무리듯 웃어버리는 것이다. 고다르 영화의 일부에도 '이해할 수 없어서 웃어버린다'와 같은 부분이 있는데, 그 부분과 '잘 모르겠지만 엄청 멋있다'라는 것은 사실 종이 한 장 차이라고 생각한다.

고다르보다 더 마일드한(담백한) 예로서, 이번에는 이런 영상을 생각해보자.

먼저, 수평선이 보이는 바다 영상을 비춘다. 그러고 나서 카메라는 갑자기 어딘가 어두운 방으로 옮기고, 창에는 신주쿠 같은 밤거리가 보이고, 거기서 몇 명의 젊은이들이 뒤엉켜 싸우고 있다. 그 후 장면이 확 바뀌어 초록빛 속에서 자동차가 산길을 달리는 장면으로 바뀐다. (이 장면은 적당히 생각해낸 거지만, 색채와 공간의 전개가 <카르멘이라는 이름>과 비슷해서 그 기억으로부터 인공지능적으로 '생성'되었는지도

모를 일이다)

이 연결의 의미는 당장은 잘 알 수 없다. 하지만 무슨 일이 일어나고 있는지 알고 싶어진다. 그 싸움은 뭘까, 무슨 사건일까……. 그럴 땐 예측을 맡은 뇌 안의 회로에 에너지가 투입된다고 생각된다.

이 영상에서도 얼핏 관계없어 보이는 장면들이 나열되어 있다. 다시 말해 뭔가가 숨겨져 있고, 이제부터 밝혀질 서스펜스 즉 '까꿍' 놀이 같은 구조가 있다.

감추어져 있던 게 서서히 밝혀진다. 즉 0→1로 이행한다. 기대대로 되면 마음이 놓인다. 기대와 어긋나면 불안해진다. 그리고 아무런 연관성도 없이 죽 나열된 장면들도 그 앞에서 뭔가가 밝혀져 마음을 푹 놓고 싶다. 긴장 상태가 해결되기를 바라는 방향에 기대를 걸고, 어떻게든 의미를 해석하려고 뇌가 노력한다.

'저렇게 나열해 놓으면 의미를 알 수 없다'라는 감상은 의미가 자리 잡기를 서두르고 있음을 보여준다.

의미나 목적이 확실히 알 수 있게 나열되어 있으면, 예를 들어 적에게서 도망치려고 거리를 달린다거나 선물을 받으면 웃음을 짓는 등의 장면이 연결되어 있으면, 알기 쉽다. 그에 비해 갑자기 장면이 바뀌어 전혀 다른 풍경이 눈 앞에 펼쳐지면 흠칫 놀라게 된다. 길을 걷고 있다고 생각했는데 바로 다음 장면에서 칫솔이 클로스업 되면, 그 의미를 잘 이해하지 못할 수도 있잖은가. 하지만 그럴 때도 너른 의미에서의 서스펜스라고 생각해보면 어떨까?

그리고 극단적인 경우, 결국 끝끝내 무슨 뜻인지 알지 못하는 작품도 있다. 고다르에게도 그런 영화가 있고, 아방가르드적인 소설 중에도 있는데 꼭 추상화가 그러하다. 이는 뭔가가 밝혀질지도 모른다는 0→1로의 서스펜스가 '포화(飽和)' 상태로 되면서 더 이상 안심과 불안의 시소게임이 문제가 되지 않는 상태다. 부분적으로 보면 '아니, 여기가 무슨 수수께끼 풀어보는 데인가'라고 생각되는 부분이 있어도, 전체적으로는 여러 요소의 교향곡과도 같은 굴곡을 즐기게 되어 있다.

명확한 해결이 없는 서스펜스를 단지 리듬이란 면에서 즐기는 것도, 익숙해지면 다 할 수 있게 되리라고 생각한다.

서스펜스라고 생각하도록 놔두고 리듬의 재미를 −일종의 개그처럼− 펼쳐나가는 수법을 알고 싶다면, 데이빗 린치(David Lynch)의 드라마 <트윈 픽스(Twin Peaks)>를 참고하면 좋을 것이다.

예측오차의 최소화

앞에서 얘기한 것들을 염두에 두고 과학 이야기를 나누고 싶다.

제3장에서 생물이란 자극을 받으면 원래의 안정된 상태로 돌아가려고 한다는 일반론을 말했다. 그리고 인간은 아주 약한 상태로 태어나므로 누군가의 보호가 필요하다. 따라서 안정 상태로 돌아가는 것, 즉 안심과 자극에 노출되는 상태, 혹은 불안이 오락가락하는 것은 타인의 존재와 연결되기 쉽고, 단순한 생물 일반으로서의 경향에 더해 인간 드라마와도 같은 면이 겹친다. 그것이 나의 설명이었다.

여기서 '예측'이라는 키워드를 도입해보자.

생물은 여러 가지 면에서 다음에 무슨 일이 일어날지를 예측하면서 살아간다. 예측에서 벗어나지 않는 편이 좋다, 다시 말해서 안정적이다. 가령 길을 걷고 있을 때는 이대로 같은 길이 쭉 이어지리라고 예측한다. 그런데 어떤 곳에 길이 움푹 패어 있어 걸어가다가 갑자기 떨어지거나 하면 깜짝 놀라게 된다. 그런 일이 있을 때 웃어넘길 수 있으면야 좋겠지만, 그것이 트라우마가 되어 그저 길을 걷는 것에 지나치게 신중해지고 불안을 느끼게 될 가능성도 있다. 뭔가 나쁜 일이 일어날지도 모른다고 생각하는 것을 '예기 불안(豫期 不安)'이라고 하는데, 이것은 예측오차를 너무 앞지르는 상태라는 것이 이 관점에서 나오는 설명이다.

영국의 칼 프리스턴(Karl Friston)은 생물의 여러 기능이 '예측오차를 최소화한다'라는 원리로 설명할 수 있다는 이론을 제창했다. 이른바 '자유 에너지 원칙(Free Energy Principle)'이라고 하는 건데, 이 이론을 내가 이해할 수 있는 범위에서 응용해봤다.

다시 영화 이야기로 돌아가 보자.

예측오차를 최소화한다는 원리에 따라 이해하기 어려운 샷을 연결해도 어떤 이해할 수 있는 전개를 예측하고 거기에 맞게 자기 멋대로 이야기하는 것이 인간이다.

자동차가 쭉 뻗은 길을 달리는 샷 A 뒤에 갑자기 변기를 위에서 내려다보는 샷 B가 이어진다고 하자. 이 A와 B의 연속에는 상식적으로는 상당히 비약이 있어서 큰 예측오차가 생길 것이다. 그러면 어떻게든 그 오차를 메우려고 한다. 예를 들어 자동차로 이동하고 있다면 '어디론가 가고 있을 것이다. 그리고 어딘가에 도착할 것이다'라고 예측하고, 도착한 곳에서 화장실에 갔다고 생각할 수 있지 않겠는가.

그러나 고다르와 같은 특수한 경우를 언급할 필요도 없이 인간은 예측이 빗나가는 것, 즉 예측오차에서 기쁨을 찾는 경우가 많다. 뜻밖의 전개가 재미있기 때문이다. 그래도 사건이 예측한 대로 전개되면 기분이 좋다는 것은 밑바탕에 깔려 있지만.

이것은 리듬 그 자체라고 할 수 있다. 리듬이란 (1) 일정한 반복이 있고, (2) 거기에서 벗어날 때는 차이가 난다는 구조를 하고 있다. 반복과 차이다. 예를 들어 디지털로 표현하면 '0·0·0·1·0·0······'이라는 흐름이 있을 때, 처음엔 '0이 계속되겠구나'라고 예측할 것이다. 그래서 0이 세 개 이어진 다음 1이 나왔을 때 '아, 아니로군'이라고 하는, 예측오차가 되는 것이다. 그런 다음 다시 0이 되고, 한 번 더 0이 계속되면 '아직 끝나지 않았어. 세 번은 계속되겠지. 그 후에 1일 거야'라고 예측할 수 있다. 이처럼 '0·0·0·1'이라는 반복과 차이가 한 세트가 되어 하나의 패턴으로 변하는 것이다.

- 리듬 경험이란 '반복 예측과 예측오차의 차이'를 패턴으로 인식하는 것이다.

방금 '패턴으로 인식한다'라는 표현을 썼는데, 이것이 생활의 안정성을 든든히 받치고 있다. 예측오차, 즉 빗나간 것도 흔히 있는 '빗나간 패턴'으로 처리하면 그렇게 충격을 받지 않을 것이다.

리듬은 반복에서 오는 어긋남, 즉 차이가 있기에 재미있는 것이다. 일단 그렇다고 해도 그것을 반복으로 인하여 예측오차가 생기는 것으로만 파악한다면 불쾌하고 불안할 수밖에 없다. 리듬이 재미있어진다는 것을 어떻게 설명해야 할까?

나의 가설이긴 하지만, 리듬이 재미있다는 걸 받아들이려면 조건이 있다. 예측오차에 대한 내성이 어느 정도 형성되어 있어야 한다는 조건이다. 그렇다면 그 내성이란 무엇인가. 예측이 빗나갔을 때도 직접적으로 거기에 휘둘리지 않는 것이다. 그러니까 큰 인식으로서 "살다 보면 예측오차가 일어나기도 하고, 또 예측이 빗나가더라도 그럭저럭 넘어가는 것이 대부분이잖아." 하는 일종의 낙관성이라고 해야 할까? 다시 말해, 예측오차를 일반화하고 한 번 빗나가도 일일이 놀라지 않고 '빗나갈 때가 가끔 있구나' 하는 대략적인 예측 안에 넣는 것이다. 그리고 결국엔 괜찮았다는 경험이 합쳐진다. 하지만 만약 당신이 큰 위기를 겪고 트라우마를 안고 있다면, 이 낙관성을 유지하기가 어려울 수도 있다.

그런데 '살다 보면 예측오차가 일어나기도 하고, 예측이 빗나가도 그럭저럭 넘어가는 경우가 대부분'이라는 낙관성을 시뮬레이션하는 것이 '까꿍'과 같은 놀이라고 할 수 있다. 제3장에서는 '까꿍' 놀이가 부재 vs 존재로 인한 불안 vs 안심을 '간접화'한다고 말했다. 이 간접화라는 것이 '예측오차가 발생할 수도 있구나' 하고 나름대로 안주할 수 있게 된다는 말이 아닐까.

세세한 부분에서 예측이 빗나간다고 해서 일희일비할 게 아니라, 큰 패턴으로 파악하고 빗나가는 것도 그 패턴의 일종으로 파악하자는 관점이다. 이렇게 되면 한발 뒤로 물러난 시점에서 세계를 바라본다는 이미지가 떠오르지 않는가?

이것이 인간에게 있어 두드러진 '의식'이자, '정신'이 아닐까 한다. 다른 동물에게도 다소 있을 것 같지만, 인간에게 특히 발달한 것이 이렇게 한발 물러난 곳에 서서 예측오차를 시야에 넣으려는 의식으로, 이것을 때로는 '메타인지(metacognition)'라고 말하기도 한다. '메타'라는 말은 위에서 바라보는 관점을 가리킨다.

방금 '시야'라고 했는데, 이것은 큰 '프레임', '외곽'을 설정하는 것이라고 할 수 있다. 어떤 일이 일어나든 프레임 안에서라면 견딜 수 있지만, 프레임이 작으면 거기에서 벗어나는 순간 견디기 힘들다. 그렇다고 해서 프레임을 최대한 크게 만들면 제행무상(諸行無常), 그러니까 어떤 일이 일어나도 아무렇지 않게 된다……는 식의 불교적 방향성이 돼버리는 게 아닐까 한다.

그렇다고 예측오차까지 패턴에 집어넣는 것을 자신의 '철저함'으로 어필한다면 아니꼽고 우스꽝스러운 인물상이 연상된다. 어떤 일이 생기든 "그것도 이미 예상했던 일입니다"라고 말하는 셈이니까 말이다. 꼭 만화가 '지옥의 미사와(地獄のミサワ)'가 그려내는 캐릭터와 같은 느낌 아닌가.

제행무상, 무엇이든 다 예상할 수 있다고 말하면 (좋든 나쁘든 '마음을 움직이는 것'이 인간에게는 필요하지 않을까 싶어서) 그런 방향으로는 일종의 거북함을 느끼겠지만, 예측의 빗나간 부분을 견딜 수 있게 되는 것은 인간에게 필수 조건이다.

어쨌든 리듬이라는 차원이 직접적인 경험에서 벗어나면 인간은 매사에 견딜 수 있게 된다. 놀이는 리듬 형성의 보조라고 볼 수 있을 것이다.

그래도 우리는 서스펜스를 찾는다 - 예측오차와 쾌락

우리는 보통 생명체로서 세계의 운행이 예상대로 이루어지기를 바라지만, 그 원리만으로는 인간의 성품을 알 수 없다. 인간은 예측오차가 일어나 깜짝 놀라는 서프라이즈를 기대하기도 한다.

단순 반복은 재미가 없기 때문이다. 앗, 예상치 못한 일이 생기네, 그러니까 예측오차가 생겨야 재미있는 것이다. 그러나 실제 경험, 예를 들어 운전하는 도중에 옆 차가 갑자기 차선을 바꿔 앞으로 끼어드는 깜짝 놀람은 기본적으로 바람직하지 않으며, 그런 일조차 재미있게 생각한다면 '무엇이든 지나치게 즐기는 것'이 아니겠는가. 위에서 말하는 '실제'란 냉정하게 말하면 생사와 관련된 일이다. 예측오차를 즐기는 것은 신변의 안전이 확보된 다음에야 가능해서, 단순히 지어낸 이야기나 이미지로서 전쟁이나 조폭들의 세력다툼 등을 그린 픽션은 극단적인 예라 하겠다.

한쪽 끝에는 자동차 운전과 같이 재미없는 상황이 있고, 다른 한쪽에는 그저 감상하기만 하는 픽션이 있다. 그리고 그 중간이 있다고 생각한다.

친구와의 대화에서 서로를 놀리거나 조롱할 때도 '그저 장난에 그칠까, 아니면 그냥 웃어넘길 수 없는 상황이 될까' 하는 경계를 상정한다. 스포츠에서도 가끔 다칠 때가 있다. 특히 익스트림 스포츠로 불리는 스케이트보드 등의 경기에서는 화려한 퍼포먼스를 겨루면서 극단의 위험 직전까지 가느냐 마느냐를 두고 경쟁한다고 할 수도 있다.

정리해보자. 대략 말해서, 생물에게는 신변에 위험이 닥칠 가능성이 있으니까 예측오차(위험의 징후)에 대비하는 것이다. 하지만, 사소한 일에 모두 반응해서는 자유롭게 움직일 수 없다. 그래서 '예측오차가 발생해도 보통은 별일 아니다'라고 넘겨버린다. 뭔가를 반복한 뒤에 차이가 생긴 어긋난 경험이 리듬이 되어 아무렇지도 않게 되고, 그런 리듬화를 통해 예측오차를 구슬리고 마음대로 다스린다. 이는 경험을 통해 익숙해지고 습관화되는 동시에 '까꿍'과 같은 리듬 놀이로 보강된다.

그렇다면 습관과 놀이 중 어느 쪽이 먼저일까? 철학적으로 생각하면, 일상을 안정시키는 습관이나 놀이는 세상이 어떻게 될지 모른다는 불확정성에 대한 대처로서 같은 뿌리에서 나온 것 같다.

습관은 무의식적으로 작동하지만, 놀이는 의도적으로 하는 것이다.

아니, 놀이도 어디서부터 시작해서 어디에서 끝나는 걸까, 모호하다. 특정한 게임을 시작하는 것과 그만둔다는 것은 명확해 보이지만…… 아니, 그것도 게임 세계의 설정을 끌어들여 일상으로 가져오는 측면이 있다. 대화를 나누다 보면 의미와 목적이 분명한 부분과 말장난을 하듯이 주거니 받거니 하는 부분이 종종 뒤섞여 쓰인다. 즉 무의식중에 노는 면이 적지 않다.

또 픽션의 감상으로까지 확대한다면 만화나 애니메이션, 소설, 영화의 영향에 따라 행동이나 말투, 인생의 방향성이 좌우되는 경우도 종종 있다.

- 놀이, 게임, 픽션의 감상은 세계의 불확정성을 길들이기 위한 습관과 비슷한 것으로, 그것은 '자기 자신에게 리듬을 가지는 것'이라고 말할 수 있다.

그렇지만 말이다.

반복을 통해 생기는 차이의 매력은 그 자체로는 직접적인 위기감에서 오는 것이다. 그 위기감을 무난하게 즐길 수 있는 정도로 만드는 것이 리듬화(습관과 놀이)이다. 그 뿌리에는 예측오차라는 부정적인 에너지로 생긴 긴장 상태가 있으며, 즉물적으로 말하면 이는 신경계 에너지가 높아지는 것이다. 좀 더 문과적으로 말하자면 죽음이 다가오는 것에 대한 흥분이다. 그 흥분을 억제하면 안도감과 좋은 기분이 기본적인 경향이 됨과 동시에 흥분의 불쾌함이 오히려 쾌감으로 둔갑하는 상태에 빠진다. 죽음을 향한 흥분의 불쾌감이 쾌감으로 바뀌는 것이다.

뭔가에 자극받아 흥분이 고조되는 쪽으로 에너지가 흐르면 우당탕 몰려들어 거세게 폭발하는 사태. 그런 사태는 개나 고양이에게서도 볼 수 있는 것 같다. 그러한 사태를 이끄는 것은 사냥감을 잡는다든지 적으로부터 도망치는 경우처럼 본능적인 생존 목적뿐일까? 나는 그게 전부라고 생각하지 않는다. 물론 기본적으로는 생존을 위한 목적이다. 그러나 거기에는 에너지가 과잉 투입되어 목적을 뛰어넘고 합리적인 의미에서 벗어나 (난센스가 되어) 일종의 '자동운동'이 일어나는 게 아닐까. 하지만 보통은 어느 시점에서 멈추고 스토퍼가 작동한다.

다른 동물과 얼마나 공통점이 있는지는 모르겠지만, 인간에겐 흥분이 스스로 목적으로 변하는 자동운동이 기묘하게도 고도로 발달해 있다. 이것은 정신분석 등의 이론에 근거한다.

이것을 명확히 서술한 사람이 바로 프로이트다. 프로이트는 '죽음충동(Todestrieb; Death Drive)'이라는 개념을 생각해냄으로써 부정적인 것을 일부러 되풀이하는 인간의 증상, 생존본능만으로는 설명할 수 없을 것 같은 증상을 어떻게든 설명하려고 했다.

제3장에서 소개했듯이 '까꿍'이란 놀이를 다룬 <쾌락 원리의 저편>이라는 논문에서 '죽음충동'이라는 개념이 처음으로 제시되었다.

리드미컬한 놀이로 바꿈으로써 싫은 것을 구슬리고 다스린다. 한편으로는 그렇다. 하지만 그 싫은 것을 반복해서 즐기는 것이다. 그런 놀이나 게임을 마치 중독된 것처럼 계속하기도 한다. 왜 그럴까. 근본적으로 말하면, 싫은 것이 —즉 자극 자체가— 불쾌하면서도 쾌락적이라는 양면성을 가지고 있기 때문이 아닐까. 일단은 그렇게 말해두기로 한다.

이에 대해 이론가들은 저마다 다양한 의견을 내놓고 있다.

정신분석가 자크 라캉(Jacques Lacan)은 마음이 푹 놓이고 진정된 상태가 기본적인 '쾌락(plaisir)'임에 반해서, 더 근본적인 것으로서 불쾌하거나 고통스러운 쾌락의 상태를 구별하여 그것을 '향유' 또는 '향락(jouissance)'이라고 불렀다.

프로이트가 '쾌락 원리'라고 말한 이유는 뭘까. 흥분의 정도가 낮아지는 것, 즉 '쾌락'으로 향하는 것이 일반적 경향이지만, 그 피안(彼岸)으로서 오히려 부정적인 흥분을 향해 나아가는 '죽음충동'이 있다고 보았기 때문이다.

또 라캉보다 후대 사람인 레오 베르사니(Leo Bersani)라는 이론가는 이런 논의를 바탕으로 인간이 살아가기 위해서는 마조히즘이 필요하다고 주장했다. 애초에 몸이 외부에서 받는 자극, 또 내부에서 솟아나는

자극은 모두 불쾌하다. 그것을 견디지 못하면 살아갈 수 없는데, 이 '견
딘다' 혹은 '참는다'라는 것은 최소한의 의미로 기꺼이 변환된다는 것
이다.

이상을 연결하면 다음과 같다.

• 생물로서의 안정 지향을 뛰어넘어 불쾌하거나 고통스러운 쾌락인
'향락'을 마조히즘적으로 추구하는 자동운동이 −죽음충동이− 있
고, 그것은 통상적으로 리듬 안에 들어 있지만 때로는 리듬의 자아
가 어긋날 때까지 격화해서 죽음을 베팅하는 −거는− 행위에 이르
기도 한다.

과거에 예술가 중에는 인생을 엉망진창으로 보낸 사람이 많았고, 격
투기 선수나 연예인도 그랬다. 또 그 정도까지는 아니더라도 일상생활
에서 오늘은 괜찮다며 과식하거나 쓸데없는 쇼핑을 하거나 술을 마시
고 소란을 피우는 일도 많든 적든 비슷했다. 그것을 어디까지 허용할 것
인가는 가치관의 차이가 있겠지만, 부정성을 쾌락으로 전환하는 메커
니즘을 인간에게서 없애는 것은 불가능하다고 생각한다.

여기서 예측오차라는 개념을 한 번 더 사용한다. 라캉이 말하는 향
락이란 예측오차가 긍정적으로 받아들여지는 것이라고 할 수 있다. 향

락은 예측오차의 최소화라는 원리에 어긋나는가, 아니면 예측오차를 최소화하는 과정에서 생긴 어떠한 사정으로 ―변화에 대한 '적응' 과정에서 생기는 정동(情動; affect)으로― 설명할 수 있는가? 이 문제는 내가 다루기에는 과분하다. 조사한 바에 따르면, 정신분석을 뇌과학과 연결하는 '신경정신분석' 분야에서 라캉의 향락을 예측오차가 잔류하는 것과 관련지어 설명하는 논문도 있었다. (이 책 마지막의 '독서 가이드'를 참조하라)

다시 예술 이야기로 돌아가 보자.

고다르의 영화에서도 그 불합리한 샷의 비약, 얼핏 보기에 연결되지 않은 듯한 몽타주는 그야말로 예측오차의 연속이며, 거기에서 아픔과 기쁨 같은 것이 느껴진다. 즉 '아파서 기분 좋다'는 마조히즘, 그것이 고다르적인 멋이라는 것이다.

일상생활은 가능한 한 평온하기를 바라는데, 집에 돌아와 문을 열었더니 거대한 도마뱀 같은 게 있는 상황을 원하지는 않을 것 아닌가. (다운타운* 초기 콩트에 그런 느낌이 있었던 것 같다) 하지만 인간은 그저 평온함 이상의 자극을 어느 '정도'는 요구한다. 나아가 진짜로 위기 상황

* 다운타운은 마츠모토 히토시와 하마다 마사토시로 구성된 일본의 개그 콤비다_역주

이 되면 ─이렇게 말하는 것은 경솔할지도 모르지만─ 인간은 살기 위해 그 상황을 즐기는 것처럼 적극적으로 이야기를 만들어나가기도 한다.

'무엇을 어떻게 나열해도 좋다'는 것

한편으로는 알기 쉬운 몽타주가 있다. 가령 '하얀 집이 있고, 이어서 침실 샷으로 바뀌면서 인물이 깨어난다'라는 식으로 말이다. 반면에 전위적인 작품의 경우에는 연결이 끊어진 듯한 몽타주가 있어서, 그것을 단지 의미가 또렷하지 않은 영상으로서가 아니라 서스펜스로서 파악한다.

예측이 크게 빗나가는 것은 대체로 불쾌한 일이다. 그러나 인간에게는 불쾌하거나 고통스러운 쾌락의 상태, 라캉이 말하는 향락이 있다. 그러니까 향락이라는 형태로 알지 못하는 것을 즐길 수도 있다.

라우션버그 같은 추상화에서도 뭔가 알 것만 같은 이미지를 보려는 것에 대한 배신, 즉 꽃병이나 사과 같은 '알 것만 같은 형태를 목표로 한 예측'에서 벗어난 예측오차가 계속된다. 어떤 그림인지 모른다는 것은 눈으로 스캔하여 예측적으로 이해하지 못한다는 뜻이다. 이는 전위적인 영화의 이해하기 어려운 몽타주와 마찬가지여서, 추상화 역시 해결되지 않는 서스펜스로서 향락을 통해 맛보게 된다. 덧붙이자면, 사물을 보거나 들을 때는 예측을 계산한다. 그게 현대적인 사고방식이다.

하지만 이런 감상은 아마도 어렵고 잘 몰라서 재미없다고 생각하기 쉽다. 혹은 음식이라면 먹어본 적이 없는 맛이라서 재미있다고 느끼는 사람도 있고, 평소에 먹지 않는 음식은 먹고 싶지 않다고 생각하는 사람도 있다. 예를 들어 프랑스 요리나 중국 요리에는 여러 종류의 식재료를 넣고 여러 공정을 거친 복잡한 맛이 나는 요리가 있는데, 그런 복잡한 음식은 맛있는지 어떤지 알 수 없는 음식과 기껏 종이 한 장의 차이일지도 모른다. 그런 의미에서 머리를 짜내 만든 고급 요리는 각도를 바꿔서 보면 일종의 '야미나베(闇鍋)*'라고 할 수 있다.

자, 이 제5장의 결론은 무엇을 어떻게 나열하든, 상관없다는 것이다.

다만, 그것은 만드는 쪽의 관점에서 그렇다는 얘기다. 만들 때는 최대한 넓게, 무엇을 어떻게 나열해도 작품은 성립한다고 생각하면 좋겠다. 그것은 원칙적으로 말해서 어떻게 늘어놓든 인간은 거기에서 리듬을 찾으려고 하기 때문이다. 나열된 것에 예측오차가 발생해도 그것을 리듬으로 회수하려고 한다. 그때 '의미는 모르겠지만 그런 리듬이구나' 하고 일단 받아들이는 힘을 근본적으로는 누구나 가지고 있다고 생각한다. 어떤 배열이든 리듬으로 받아들이려고 할 때 예측오차는 불쾌한 혹

---

* 야미나베는 각자가 가지고 온 음식을 뭔지도 모르게 한 냄비에 넣고 끓여 어둠 속에서 먹으며 즐기는 요리를 가리킨다_역주

은 고통스러운 쾌락, 즉 라캉의 향락이 된다.

다만 그것은 원칙적으로 그렇다는 말이고, 그렇게까지 넓게 받아들이는 사람에게는 닿을지도 모른다……라는 이야기다.

세상에 나가보라, 어떤 규칙에 따라서 질서가 잡힌 나열이 아니면 그림이나 음악이나 문학으로 인정하지 않는다는 태도가 지배적이다. 그것이 엄연한 사실이라고 생각하지만, 만드는 사람은 그것을 의식해도 좋고 무시해도 좋다. 또 의식하는 것을 구분하면 강하게 의식해도 좋고 살짝 의식해도 좋다.

영화 만드는 방법, 그림 그리는 방법, 음악 창작하는 방법을 공부할 때 어떤 규칙에 따라 잘 배열할 수 있게 되는 것이 바로 공부라고 생각하는 사람들이 많다.

모차르트나 베토벤 같은 고전파 음악에서는 이 음과 저 음을 함께 울리면 고전파적으로 들리지 않아서 안 된다고 하는, 말하자면 소리 배열의 규칙이 있다. 그것을 체계화한 음악이론을 열심히 공부하면 전형적인 클래식 곡을 쓸 수 있게 된다.

하지만 세상을 둘러보라, 어디 클래식 음악만 음악이겠는가. 대단히 다양하고 이질적인 음악이 있지 않은가. 작곡가이자 피아니스트 다카하시 유지(高橋悠治)는 넓은 시야로 '세계음악'을 바라보면서 음악의 본질은 리듬이라고 파악했다. 그리고 서양 문명이 세계 각지의 리듬감 있는 신체를 억눌러왔다고 봤다. 다카하시는 다음과 같이 말한다.

> (…) 리듬의 우위가 20세기 아프로-아메리카 문화의 특징이며, 그것이 온몸을 구속당한 노예들에 의해 카리브해로부터 브라질에 걸친 지역에서 완전히 새롭게 창조되어 단기간에 아프리카를 포함한 전 세계에 퍼졌다. 한편 세계를 군사적·경제적으로 지배하기에 이른 근대 서양 음악이 청중의 신체적 자유를 구속하는 콘서트장 같은 곳에서 최고의 표현을 찾아내는 사실을 떠올려보자. 지금 세계가 안고 있는 문제는 리듬이라는 영역에 집약되어 있다.
>
> - 다카하시 유지, <1 리듬(1 リズム)>, 도쿠마루 요시히코 외 편집
>
> 《사전 세계음악의 책(事典 世界音楽の本)》 11쪽

세계음악(world music)이라는 넓은 시각은 음악이라는 걸 하나의 가치관에 연결하지 않고, 보다 추상적으로 파악하는 것을 의미한다.

소리를 어떻게 마음대로 연주하더라도 음악이 된다.

피아노에는 한 옥타브에 12개의 건반이 있는데, 모든 건반을 마음대로 눌러서 적당히 쳐도 충분히 음악이 된다.

그것이 음악으로 들리지 않는다면, 클래식이나 팝 음악의 제약을 기

준으로 하여 거기에서 벗어난 배열이 있어서 안 된다고 판단하기 때문이다. 그 소리의 배열이 그 자체로 음악이냐 아니냐, 하는 건 문제가 아니다. 문제는 자신이 '무엇을 음악이라고 생각하는가'에 있다. 그러므로 그 기준만 바꿔버리면 뭐든지 음악이 된다고 말할 수 있다.

그런데 극단적으로 소리 배열에 대한 제약이 많아서 고전음악임을 확실하게 알 수 있는 음악은, 영화를 예로 말하자면, 의미나 목적을 명확하게 알 수 있는 몽타주에 가깝다. 그에 반해 소리가 제각각 울리는 배열의 음악은 −극도로 전위적인 작품의 경우이지만− 고다르적 서스펜스가 된다. 물론 그 중간 상태도 여러 가지로 있을 수 있다.

예를 들어 고전파는 소리의 제약이 많지만 19세기 후반부터 20세기에 걸쳐 더 아리송한 소리, 탁한 소리의 사용을 풀어주는 실험이 이루어졌다. 그 대표적인 예가 드뷔시다.

여기서 잠깐 음악의 역사를 공부해보자. 19세기부터 20세기에 걸치는 동안 음악에 사용할 수 있는 소리는 점점 늘어왔다. 드뷔시와 라벨은 기존에 없던 중간색의 부유감이 느껴지는 울림을 활용했다. 이 시기의 소리의 확장은 현대 대중음악의 기초가 되고 있다. 그리고 그 후, 듣는 사람이 그리 많지는 않지만, '현대 음악'이라고 하는 20세기 전반에 성립된 클래식의 진화형이 있고, 그 단계에 이르면 일반적인 귀에는 아무렇게나 소리를 내는 것처럼 들리는 음악으로까지 개방돼간다. 다만 그것은 무슨 소리든 있는 그대로 받아들인 결과가 아니라, 정반대로 소리를 더 세밀하고 복잡하게 컨트롤하는 방법을 생각해낸 결과다. 피에르 불레즈(Pierre Boulez)와 칼하인츠 슈톡하우젠(Karlheinz Stockhausen)의 초기 작품을 들어보라.

재즈도 클래식에서는 허용되지 않았던 소리를 쓸 수 있는 장르다. 다시 말해 클래식보다 확장된 음악이라고 할 수 있다. 그런데 재즈에도 이런 음렬을 빼면 재즈처럼 들리지 않는다는 규칙이 있다. 재즈에는 재즈만의 제약이 있다. 팝에도 여러 가지 유형이 있지만, 역시 팝 고유의 제약이 있다.

• 극단적인 랜덤(random) 혹은 무작위 상태를 최대치로 생각했을 때, 거기에 이런저런 제약을 걸면 여러 가지 장르가 성립한다.

제약이 심한 음악만 즐겨듣는 사람이 제약이 약한 음악을 들으면, '어라, 이상하네' 하고 깜짝 놀라는 경험을 할 때가 많다.

예를 들어 재즈가 등장했을 당시에 반발하는 사람이 많았다. 지금은 믿을 수 없지만 '이런 게 무슨 음악이야'라고 생각한 사람들이 많았다. 즉, 예술에서 무엇이 예측오차인가 하는 것은 처음에 어떤 것을 '예측 범위로서 보통'이라고 생각하느냐 혹은 믿고 있느냐에 달려 있다.

연결되느냐 아니냐는 설정하기 나름

자신이 전제하고 있는 의미의 폭보다 더 너른 의미를 취하면 얼핏 봐서 연결되지 않은 것도 연결할 수 있게 된다.

여기서 방금 소개했던 영상의 예로 돌아가 보자. 바다의 수평선이 화면에 뜬 후, 신주쿠 같은 곳의 어두운 방으로 전환한다는 몽타주가 있었다. 여기서 바다와 방은 관계가 없다고 생각할지도 모른다. 하지만 예를 들어 바다를 '파도가 일고 있다 즉, 뭔가 술렁이고 있다'라고 추상화해서 바라보면, 도시의 밤에 사람들이 모여 있는 방도 '술렁거리고 있다'라고 할 수 있다. 말하자면 그 방은 바다와 같은 것이 된다. 이렇게 추상도를 높이면, 연결되지 않던 것이 이어진다.

즉, 구체적인 무언가의 구체성에 얽매인 탓에 연결할 수 있는 범위가 좁아지는 것이다. 반면 추상도를 높이면 더 많은 것이 폴더에 들어온다. 예를 들어, 아침에 하얀 집을 정면에서 찍은 샷이 있고, 그다음에 맥락 없이 상자를 위에서 찍은 샷이 이어진다고 하자. 그러면 무슨 일이 일어나고 있는지는 잘 모른다. 하지만 이런 관점에서 보면 어떨까? 두 개의 샷은 추상적으로 말하면 비슷한 것을 보여주고 있다. 둘 다가 '상자'니까.

집도 추상화하면 상자다. 그러니까 우선 집이라는 상자가 비추어지고, 다음에 문자 그대로 종이상자란 상자가 비췄다. 이렇게 말하면 바보 같다고 생각할지도 모르지만, 이것은 하나의 즉물적인 영화의 관점이며, 언뜻 아무 관계도 없어 보이는 집과 종이상자에 '상자'라는 연결고리를 발견한 것이다.

이것은 형태에 주목한 견해이다. 구체적인 필요성과는 관계없이, 단지 추상적으로, 형태만을 연결한 것이다. 추상화를 하는 방법은 여러 가지로 가능하며, 어떤 추상적인 공통성을 생각하느냐에 따라 무엇을 어떻게 나열해도 연결된다는 것이다. 이런 생각을 계속하면, 무작위로 다음에 무엇이 어떻게 오든, 가장 추상적이고 거대한 연결이 있다고 말할 수 있다. 그것은 존재한다는 의미의 연결이다.

어떤 것이든 존재한다는 의미에서는 모두가 같은 것이기 때문이다. 목욕 수건이 둥글게 말려 있는 것도, 날아오는 착륙 직전의 비행기도 이 세상에 존재하는 것이라는 점에서는 마찬가지다. 둥글게 말아놓은 목욕 수건, 착륙 직전의 비행기, 종이상자 등 거의 관계가 없어 보이는 것들이 차례차례 나열되었을 때라도, 사고를 아주 넓게 확장하면 '세계'에는 다양한 것, 다양한 일이 있다고 정리할 수 있다.

'세계'에는 다양한 것들이 있구나, 하는 훌륭한 의미가 된다. 이런 말을 하면 웃을 수밖에 없을지도 모르지만, 무수히 많은 다른 것들이 있다는 다양성은 예측오차의 연속이다. 어쨌든 결국에는 무엇을 어떻게 나열해도 연결이 성립되고, 어떤 차원 혹은 어떤 수준에 걸맞은 의미를 지니게 하고 싶다면, 의미가 성립하는 어떤 추상화의 계층(layer)을 언제든 임의로 생각할 수 있다.

생활과 연결된 구체성을 중심으로 하여 생각하는 사람들이 많다. 그것은 자연스러운 일이다. 거기에서 멀어지면 예측오차에 깜짝 놀라 의미를 알 수 없다고 생각하게 된다. 혹은 특정 예술 장르의 약속에서 – 그것은 역사적으로 어느 시기에 성립된 규칙이지만– 벗어나 있으면 안 된다거나 기술이 되어 있지 않다고 판단하게 된다.

기본적으로는 생활 실감에 기반을 둔 의미성과 특정 장르의 규칙에 기초한 의미성, 이렇게 두 가지가 조합되어 사람들이 '보통'으로 여기는 것이 성립하고, 거기에서 벗어나면 사람들은 거부감을 느낀다. 그리고 거기에서 뭔가를 나열했을 때 연결되는 것과 연결되지 않는 것이 있다는 인식이 나오게 된다.

하지만 앞에서 설명했듯이, 연결되는 것과 연결되지 않는 것이 있다는 인식은 잘못된 것이다. 적어도 객관적으로는 그렇지 않다. 연결되는지 아닌지는 설정에 달려 있다는 얘기다.

그러니 우선 무엇을 어떻게 늘어놓아도 연결될 수 있고 모든 것은 연결 방식의 설정에 달려 있다고 받아들이며, 마음을 최대한으로 열어놓았으면 좋겠다. 그런 다음 어떻게 배열해도 좋다는 최대한의 넓이에서 재미있게 배열하기 위해 '차츰 제약을 거는' 방향으로 생각해보자.

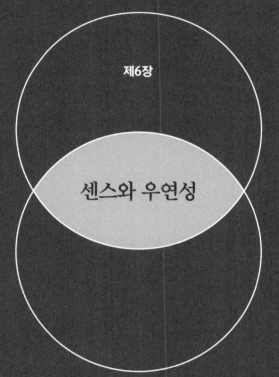

제6장

센스와 우연성

'모든 예술'을 생각하다

회화든 음악이든 실내장식이든 패션이든, 요소를 나열하는 것은 곧 리듬을 만드는 것이라고 할 수 있다. 따라서 나열된 것(리듬)을 감상하거나 만든다는 것은 큰 관점에서 보면 '모든 예술에 대한 이론'이 된다.

미술이나 영화나 반드시 이렇게 해야 한다는 식으로 개별 장르의 '규범'에 따라 생각하는 것이 아니라 —마니아는 그런 태도로 심술궂은 말을 하기 쉽지만— 모든 예술이라는 넓은 관점에서 보라고 제안하고 싶다. 모든 예술은 연결되어 있으니까. 물론 일상의 식사라든가 실내장식까지 전부 포함해서 말이다.

미술도 음악도 영화도 소설도, 무언가의 다음에 다른 뭔가가 줄지어 오는 것과 겹쳐진 '굴곡과 비트'다.

다시 한번 요리에 대해 생각해보자. 포크 소테 머스터드 소스— 단맛이 나는 돼지고기 위에 톡 쏘는 겨자소스가 뿌려져 있다. 우선 단맛과 자극이 교대로 리듬을 만들고, 나아가 접시 전체를 너르게 보면 돼지고기 옆에는 크레송(cresson; 영어로는 watercress; 물냉이)을 버무린 샐러드가 곁들여 있는데, 샐러드 안에도 크레송의 쌉쌀한 맛과 다른 채소의 더 부드러운 맛이 대비를 이룬다. 단맛과 자극이 교대로 나오는 고기와 내적 리듬이 있는 샐러드를 함께 먹으면 감각이 더욱 복잡하게 굽이치는 동시에 부드러움과 자극이라는 대립(비트)을 누릴 수 있다.

그림의 형태나 색깔, 음악의 음높이나 화음의 질감도 마찬가지로 이러한 사태로 파악할 수 있다.

앞의 제5장에서는 나열하는 것을 영화적 몽타주로 생각해보았다. 나열된 요소가 제대로 연결되어 있느냐를 기준으로 좋은 작품인가 나쁜 작품인가를 판단할 때가 흔히 있다. 그러나 연결되지 않는 게 있고 연결되는 게 있다는 것은 상대적이며, 어떤 연결을 '의미가 있는' 연결로 보느냐는 설정에 달려 있다.

그렇기는 하지만 인간에게는 생물적인 기반이 있어서 생명 유지, 사회 운영, 생식 등과 관련된 경향 혹은 무엇을 중요하게 느끼느냐 하는 기본적인 경향이 있을 것이다. 다만 그것이 인간이라면 복잡하게 변형되어 상징화된 형태로 되어 있다. 사회적 동물로서의 경향이 밑바닥에 있으면서, 그것을 변형한 상부구조로 '이렇게 되어야 한다' 식의 규범이 다양한 영역에서 성립되고 있다고 생각한다.

그렇게 생물적 기반을 인정하고 예술적인 것을 생각하려면 최대한 확장하여 무엇이든 연결할 수 있는 가장 넓은 평면을 준비해보기 바란다. 일단은 그 자리에 서야 하니까.

그렇다면 모든 예술과 생활에서 재미있다고 할 수 있는 배열(리듬)이란 무엇인가. 그걸 아는 것, 그걸 만들어낼 수 있는 것이 바로 센스가 '좋은' 것이다.

아름다움과 숭고함 – 우연성과 어떻게 마주할 것인가

리듬이 재미있다는 건 무엇을 의미하는가?

기본적으로는 반복하는 게 있고 차이 나는 게 있다는 것이다. 같은 말이지만 바꿔 말하면 규칙이 있고 일탈이 있다는 것이다. 차이 혹은 일탈에 '어라, 뭐지?' 하고 반응하는 것, 그게 바로 자극이 된다. 단 그렇게 되려면 일단 반복이 중요하고 패턴을 판별해야 한다. 이렇게 반복이 있다는 것, 그리고 그 반복과는 다른 게 있다는 것을 의식하고 말로 표현하려면 연습이 필요하다. 그러나 말로 표현할 수는 없어도 그림이나 음악이나 음식을 즐길 때는 무의식적으로, 즉 뇌 안에서 어떤 반복이 있느냐가 인식되고 있으리라고 생각한다. (그 처리는 인공지능에서의 통계적 계산과 비슷한 거라고 나는 추측한다)

• 재미있는 리듬이란 어느 정도 반복이 있으면서, 적당한 편차로 차이가 생기는 것이다.

경험상 그렇게 말할 수 있을 것 같다. 사물의 형태든 요리의 맛이든 '균형이 잘 잡혀 있다'라는 말은 이런 의미라고 생각한다.

완전히 규칙적이지도 않고, 그렇다고 전혀 무작위적이지도 않다. 이런 균형이 대체로 '아름다움'이라고 불리는 것이다. 오래된 미학 이론에서 아름다움은 '조화'라는 단어와 연결되는데, 그것은 반복과 차이의 조화라고 할 수 있다.

칸트는 《판단력 비판》에서 자유롭게 놀면서 사물을 파악할 때가 '아름다운' 때라고 생각했다. 완벽한 원이나 정사각형처럼 규칙적인 것이 아니라 '유희'에 아름다움이 있다고 본 것이다.

한편 《판단력 비판》에서는 아름다움에 대립하는 '숭고함'에 대해서도 논하고 있다. 앞으로 차차 설명하겠지만, 숭고함이란 스케일이 크거나 위력을 느끼게 하는 것을 부르는 개념이다. 이 책에서는 미적으로 허용하는 범위 밖에 숭고함이 있다고 생각하기로 한다.

센스가 좋아진다는 것은 칸트적인 아름다움의 의미로 일컫는 경우가 많은 것 같다. 이 경우, 유희의 균형이 잘 맞춰져 있다고 상정되어 있다. 하지만 그것만으로는 부족하다. 현대인에게 더 예술적인 느낌을 주려면 균형을 잃고 좀 더 한쪽으로 치우친 부분이 있어야 하지 않을까?

말하자면 '우등생은 재미가 없어' 이런 얘기다. 멋있음, 일종의 섹시함은 균형이 무너지면서 나온다. 이것 또한 일반적으로 잘 알려진 사실이 아니겠는가.

미학 이론에 접목해본다면 아름다움과 대비되는 '숭고함'이라는 개념이 이와 관련이 있다고 생각한다.

숭고함이란 험준한 산, 바위투성이의 황량한 땅, 사나운 폭풍우가 부는 바다 등을 일컫는 말로 아주 간단히 말하면 인간이 파악하려 해도 프레임에서 벗어나는 에너지, 무질서, 장대함이 있는 것 등과 같아서 파악하기 쉽지 않다. 실제로 신변의 위험을 느끼게 하는 것에 관해서 말하는 경우가 많은데, 그걸 '참 숭고하다……'고 느낄 수 있으려면 자신은 안전한 곳에 있으면서 지켜볼 수 있어야 한다.

균형이 무너진다는 것은 아름다움보다 숭고한 쪽으로 기울어진다는 뜻이므로, 이 책에서는 다음과 같이 정리해보려 한다.

• 차이란 예측오차이며, 예측오차가 적당한 범위에 있으면 아름답다고 느끼게 된다. 반면 예측오차가 크고 어떻게 될지 모른다는 우연성이 강해지면 숭고해진다.

일반적으로 우리는 제대로 된 것을 만들려면 균형 있게 만들어야 한다고 배운다. 음악이라면 클래식이나 재즈 등 장르의 규칙에 따라 균형 있게 소리를 배열하는 것이 요구된다. 그것은 예술을 습득할 때 그 나름으로 중요하지만 동시에 거기에서 벗어나는 일탈의 힘도 중요하다고 인간은 마음속 어딘가에서 생각한다. 그러나 그렇다고 분명하게 말하는 경우는 흔치 않다.

반복과 차이의 균형이 깨지고 예측오차가 숭고하게 커진다. 그러한 균형의 '붕괴'에서 예술의 자유를 본다. 이 경우, 아름다움을 볼 수 있다는 점도 좋을 뿐 아니라, 센스가 좋다는 것이 무엇인지에 관한 또 하나의 정의도 얻을 수 있다.

다시 말해, 이것은 우연성이 얼마나 작용하고 있느냐 하는 문제다.

우연성이 적당한지 아니면 강하게 작용하는지에 따라 아름다움과 숭고함이 그러데이션을 이룬다고 보는 것이다. 또한 우연성의 개념을 사용한 정리(整理)는 칸트의 논의가 아니라 이 책이 시도하는 바다.

숭고한 분방함이 '당돌한 아티스트의 모습' 같은 걸로 평가되는가 하면, 그러한 모습조차 하나의 전형이 되어 나름 그런 이미지를 '노리는구나' 하며 심술궂게 보는 사람도 있다. 따라서 여기에서는 다음과 같이 너르게 파악하고자 한다.

• 우연성에 어떻게 대처하는가는 사람에 따라 다르다. 그것이 리듬의 다양성이 되고 개성적인 센스로 표현된다.

위와 같이 정리해 두도록 하자.

하지만 또 다른 문제가 있다. 반복이 있고 차이가 있다고 했는데, 그럼 '반복' 쪽은 어떠한가? '어라, 이게 뭐지' 하고 뭔가 신기하게 여긴 걸 재미 삼아 이야기하는 편이 가장 먼저 취해야 할 접근법이라고 생각해서 지금까지 설명했다.

태어난 지 얼마 안 되는 상황으로 돌아가 보면 외부 세계에는 불쾌한 자극이 넘쳐난다. 그 속에서 반복을 발견하면 인간은 안정된 존재가 된다. 그런 의미에서 한 인간이 살아갈 수 있게 된다는 것은 반복을 어떻게 형성하느냐 하는 것이며, 그것과 차이가 한 세트가 되어 인간은 '리듬적 존재'로 살아가게 된다.

반복과 센스의 관계를 생각해볼 필요가 있다. 이것은 마지막 장에서 다룰 것이다.

'만들려고 한다'에서 '결과적으로 할 수 있다'로

이 장에서는 차이를 만들어낸다는 관점에서 이야기를 계속한다.

극단적으로는 우연성에만 의지해서 무작위로 만드는 작품들이 있다.

그림을 그릴 때 제비뽑기로 선택한 색을 제비뽑기로 선택한 장소에 그저 무작위로 칠한다고 가정하자. 그것은 아무런 의미도 목적도 없는 우연성의 화면이 된다. 그러나 아무리 무작위라 할지라도, 녹색이 우연히 가까운 곳에 늘어서 있다거나 요소가 왼쪽으로 치우쳐 있으면 인간은 거기에서 어떤 특징을 발견하고 재미있어한다. 즉, 순수하게 무작위적인 것을 순수하게 무작위적인 걸로 보지 못하므로, 어떤 리듬 혹은 작품의 구조라고 해도 좋은 그것이 마음대로 되어버린다. 터놓고 말하면 애써 만들려고 하지 않아도 된다. 우연성을 전제로 한다면 말이다. 규칙 혹은 규범에 얽매이면 오히려 불충분한(만듦새가 엉성한) 작품이 만들어진다. 이에 관해서는 제1장에서 설명했다.

20세기 전반에서 중반까지 예술에 우연성을 도입하는 실험이 이루어졌다. 제1차 세계대전 후 다다(Dada)라는 예술운동에서 시인 트리스탕 차라(Tristan Tzara)는 신문을 잘게 잘라 상자에 넣고 거기에서 무작위로 뽑아낸 단어를 배열하여 시로 만들었다.

또, '초현실적인(surreal)'이라는 말이 있는데, 그것은 앙드레 브르통(André Breton)이 이끌었던 초현실주의 예술운동에서 따온 용어다. 초현실은 무작위라는 말과는 다르지만, 특정한 의도를 가지지 않고 떠오르는 말을 계속해서 쓰는 '자동 기술' 같은 것을 제안했다.

1950년대에는 미국 작곡가 존 케이지(John Cage)가 제비뽑기로 소리를 골라 작곡했다. 우연성의 예술이라고 하면 케이지가 가장 극단적이라 일컬어지기도 한다.

과거에도 이런 실험이 있었다. 완전히 무작위적이고 우연한 엉터리 상태에서도 사람은 거기에서 무언가를 발견하고 재미있어할 수 있다.

- 최대한 개방된 상태의 단순한 우연을 두고, 어느 정도의 반복과 차이를 만들어간다.

'우연성을 기반으로 하여 느슨한 상태에서 마무리한다'라는 발상으로 적당히 그림을 그리거나 소리를 내보면 재미있다. 무언가를 표현하려고 굳이 애쓰지 않아도 말이다.

미치지 못하는 어긋남과 지나친 어긋남

그러면 제1장에서 설명했던 어설픈 것과 헤타우마의 차이로 돌아가 다시 생각해보자.

어설프다는 것은 모델과 어긋남이 '미치지 못하는' 경우다. 반면에 헤타우마라고 할 수 있는 센스는 모델과 어긋남이 '지나친' 혹은 '과도 한' 경우라고 할 수 있다. 아직 미치지 못하는 어긋남과 지나친 어긋남이 있다. 이 둘의 차이는 출발점의 차이에서 비롯된다.

지나친 어긋남은 무작위성, 우연성, 엉터리, 말하자면 가능성이 너무 많은 상태로부터 한정해나가는 데서 생겨난다. 반대로 모델에 맞추려고 노력하다 보면 거기에 미치지 못하는 어긋남밖에 되지 못하는 것이 서투른 현상이다.

우연성에서 시작한다. 그것은 자유로운 운동성에서 시작한다는 말이다.

예를 들어보자. 그림을 그릴 때 사진을 찍듯이 윤곽선을 정밀하게 그리기란 어려운 일이다. 어지간히 직관이 뛰어난 사람이 아니면 여기저기 비뚤어지고 볼품없는 그림이 되어버린다. 그런 결과를 피하고 싶다면 쓱쓱 대략적인 선을 여러 개 그으면서 성의 바깥 해자부터 공격하듯이 서서히 윤곽을 드러내도록 해보자. 특정 속도로 전체를 대충 파악하고, 선을 안쪽으로 한정해서 형태가 떠오르게 천천히 그리면 좋을 것이다. 이 방법이 손에 익으면 ─이건 상당한 경지에 올랐을 때의 이야기이지만─ 윤곽을 찍어낸 듯이 한방에 그릴 수 있게 되는데, 그러기 위해서는 상당한 수련이 필요하다.

하지만 그 전 단계에서는 우선 쓸데없는 선을 잔뜩 그리고 거기서 형태를 띄우는 것이 효과적인 접근법이다. 그런 식으로 그리면 완벽하게 사실적이지는 않더라도 '형태를 역동적으로 포착한' 정도는 되니까, 자신의 그림이라고 인정해도 좋다. 세상에는 아주 사실적으로 그림을 그릴 수 있는 사람이 있다. 그것도 꽤 많다. 하지만 모두가 그럴 필요는 없고, 사실적인 그림이 가장 훌륭한 그림인 것도 아니다.

이는 문학에서도 마찬가지다. 예를 들어 전형적인 연애소설을 쓰려고 할 때, 첫 만남이나 고백, 그 실패하는 장면 등을 하나하나 또렷하게 알 수 있는 이미지로 실현하려고 하면 오히려 그렇게 잘되지 않는 부분이 눈에 띄게 된다. 이야기를 빈틈없이 풀어나가서 독자가 질리지 않게 하려는 의도를 갖지 말고, 그냥 생각나는 대로 쓸데없는 이야기를 잔뜩 써도 되는 것이다. 그렇게 되면 능숙함이 부족해서 삐걱대는 게 아니라, 좀 더 개성적인 필자만의 독특한 숭고함 같은 것으로 글이 삐걱댈지도 모른다. 장면의 묘사도 인물의 생각도, 소설로서 잘 만들어졌다는 기준에서가 아니라 자신의 신체 감각에 따라 쓸 수 있도록 한다. 몸에서 올려오는 우연성에 따라서 말이다.

피아노를 연습할 때도 두 가지 방법이 있을 수 있다. 한편으로는 틀리지 않게 신경을 곤두세우고 악보를 따라 그리듯이 연주하는 연습 방법이 있다. 하지만 이렇게 연습해서는 한계를 느낄 것이다. 소리로 놀이하는 듯한 접근법, 유연 체조를 제멋대로 하는 것 같은 접근법을 함께 쓰지 않으면 '똑바로 하자'고 의식만 해도 손이 굳어버린다. 악보대로 연주하는 연습도 당연히 필요하다. 하지만 그 전제로서, 건반을 마구 두

드리거나 손가락을 꼬물꼬물 움직이며 놀아보는 것처럼 무작위로 열린 몸이 있어야 한다고 생각한다. 거기서부터 범위를 좁혀나가면 악보에 맞출 수 있게 된다. (피아노 지도에 관한 한 나는 문외한이지만, 내가 어떻게 배워왔는지 되돌아보면 그렇게 말할 수 있다고 생각한다)

뛰어난 피아니스트는 악보대로 정확하게 연주할 수 있지만 단순히 기계처럼 재현하는 건 아니다. 건반 위에서 손가락을 현란하게 놀릴 수 있는 사나운 에너지를 가지고 있고, 그 유한화(有限化)로서 어느 한 곡을 연주하는 게 아닐까. 그래서 뛰어난 피아니스트는 악보대로 연주하면서도 악보대로 완벽히 연주하는 것 이상의 스케일과 박력을 지닌다.

이는 실내장식 같은 일상적인 물건의 진열 방식으로도 말할 수 있다. 분류 목적을 달성하는 데만 골몰하다 보면, 오히려 그게 뜻대로 되지 않고 정리가 안 됐다는 부정적인 면만 눈에 띈다.

그에 비해 좀 더 대범하게 적당히 놓는다는 자유로움이 바탕에 깔리면, 부분적으로 분류하거나 필요한 곳에 물건을 놓는다는 목적성까지 어느 정도 충족시킨다. 하지만 전체적으로는 어떻게든 다르게도 배치할 수 있다는 여지가 느껴지는 진열 방식이 있다.

이렇게 돼야 한다고 정해놓은 모델에 가까이 가려고 딱 맞추는 것을 목표로 하면, 자유가 없어지고 갑갑해진다. 센스가 좋다는 것은 '잉여' 혹은 '남음'이라는 뜻이 아니겠는가.

하지만 이건 꽤나 어려운 일이다. 생활이든 일이든 하다 보면, 의미를 정확히 전달해서 목적을 달성해야 하므로 세상을 보는 관점이 전반적으로 그렇게 되어버린다.

그래서 우연성에 마음을 여는 연습이 필요하다.

옷을 고르거나 방에 놓을 아이템을 살 때의 취향도 무의식중에 경직될 때가 많다. 그러한 딱딱함을 풀고 좀 더 자유로운 선택을 할 수 있으려면, 자기 자신을 마주하고 자신을 마사지하는 노력이 필요하다. 인간은 무의식중에 여러 측면에서 '이렇게 해야 한다'라는 생각에 사로잡혀 있기 때문이다. 그러나 개인이란 어떤 종류의 사로잡힘에 의해서 특징지어지는 존재이기도 하다.

지금까지 이 책에서는 '센스 활성화하기'를 자유로워지는 것으로 설명했다. 하지만 생각해야 할 것이 하나 더 있다. 이에 관해서는 마지막 제8장에서 '안티센스'라는 키워드로 설명하고자 한다.

자신에게만 존재하는 우연성

한편으로는 우연성이라는 과잉 혹은 남음을 '어떻게 구조화할 것인가'라는 의식과 대립시켜 통제하려는 노력이 있다. 예술 제작에서는 그것이 주류라고 생각한다. 다른 한편으로는 원래 몸이 분방해서 좀 더 와일드하고 자유로운 운동을 통해 뭐든 듬성듬성 만들어내는 사람도 있다. 후자에 해당하는 사람들을 '타고났다'라고 부르는데, 그처럼 타고난 사람에게도 기술은 있고 그들이라고 해서 우연성을 그대로 살리는 것은 아니다.

우연성, 그리고 그 우연성을 다스리는 질서를 어떻게 만들 것인가. 그것이 여러 사안에서 문제가 된다.

주요 방침으로는 다음과 같은 자세 혹은 태도를 제안하고 싶다.

• 자신만의 고유한 우연성을 남기는 방법을 긍정한다.

목표로 삼은 것에 미치지 못한다는 '부족함'을 바탕으로 생각하면, 그 부족함을 채우기 위해 더 열심히 노력해야 한다면서 기를 쓰게 되고, 그러면 우연성에 열려 있는 센스는 활성화되지 않는다. 그에 반해 '과잉 혹은 남음'을 기반으로 생각하면, 스스로 이상으로 삼은 사람이 되지는 못해도 자신은 이런 식으로 남길 수 있는 사람이니까 괜찮다고 생각할 수 있다. 그것은 자신만의 고유한 결핍이라고도 할 수 있지만, 그것을 좀 더 긍정적으로 생각해보자. 그래야 더 창의적일 수 있다고 생각한다.

이것은 인생을 사는 데 있어 일종의 '꿀팁'(life hack)이라고 할 수 있는데, 무언가를 할 때는 실력이 아직 모자란다는 부족함에 주목하지 말고 '일단 가지고 있는 기술과 자신에게서 우러나오는 우연성으로 무엇을 할 수 있을까?'를 생각하는 것이다. 규범에 따라 더 수준 높은 것을 향해 노력하는 것도 중요하지만, 그것에 집착하고만 있다가는 인생이 끝나버린다. 인간의 삶은 유한하다. 어느 시점에선가는 '이걸로 가자' 하고 결심하거나 포기하는 수밖에 없다.

• 인생을 살아가는 단계에서 완전하지 않은 기술과 우연성이 합쳐져서 생기는 것을 자신이 만들어낸 것이라고 믿는다.

예를 들어볼까. 나는 피아노로 재즈처럼 즉흥연주를 한다. 그때 어느 정도 연습하면 코드를 잡고 재즈 음악답게 들리는 음을 택해서 연주할 수 있지만, 그래도 아주 만족스럽게 연주하지는 못한다. 기본을 좀 더 제대로 배우려고 잠시 재즈 피아노 레슨도 받았지만, 왠지 도중에 그만하면 됐다는 생각이 들었다. 나 스스로 규칙대로 연주하지 못하는 것을 부족하다고 생각하지 않고 내 피아노 연주가 넘친다고 생각하자고 마음을 바꿨기 때문이다.

내 피아노 연주에서 나오는 재즈적이지 않은 불협화음은 그것이 내

음악이다, 라고 생각하면 굳이 억지로 교정하지 않아도 된다. 뭐, 뻔뻔하다면 뻔뻔하다고 할 수도 있다. 정통 재즈를 연주할 줄 아는 사람에게는 존경의 마음을 갖고 있다. 그 수준에 이르기 위한 훈련은 얼마나 힘든 일인가.

그러나 피아노 연주라든지 그림 그리기를 각자의 인생 안에 고유한 방식으로 자리매김한 다음, 예술 그리고 생활의 예술적인 측면을 더욱 즐기게 해주는 가이드 역할을 맡긴다는 것은, 프로가 정통적으로 장르의 규범을 충족시키는 것에도 뒤지지 않는다고 나는 주장하고 싶다.

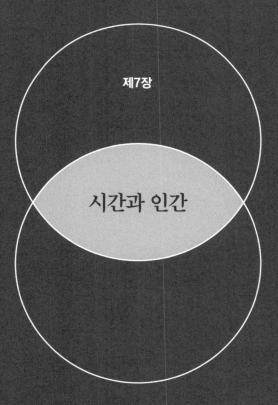

제7장

시간과 인간

예술이란 시간을 갖는 것

예술은 시간을 갖는 것이다. 마지막 장을 앞두고 이 이야기를 하고 싶다.

요즘은 시간을 절약한다, 비용을 절약한다, 따위의 말을 흔히 듣긴 한다. 하지만 애초에 시간을 괜히 낭비한다고 인식하는 방식 자체에 이상한 점이 있지 않은가. 오히려 시간 그 자체가 바로 낭비를 뜻하는 것 아닌가. 철학적으로 보면 하나의 극단론이지만, 그렇게 말할 수 있을지도 모른다.

• 예술에 관여하는 것은 애초에 쓸데없는 시간을 음미하는 것이다. 혹은 예술작품이란 말하자면 '시간의 결정체'다.

미술관에 가서 그림을 보면서 금세 뭔가를 딱 알게 되고 곧장 다음 작품으로 넘어가버린다면, 애써 간 보람이 없지 않은가. 그림 앞에 멈춰 서서 천천히 생각하면서 다양한 시점으로 그걸 바라보는 것에 일부러 미술관으로 발길을 옮기는 묘미가 있는 것이다.

이 그림이 무엇을 그리고 있는지 이해하고 싶다, 하는 것이 많은 이들의 생각일 테다. 하지만 그림을 본다는 것은 우선 보는 행위 자체가 즐겁기 때문이란 데는 다들 동의하리라 생각한다. 다만 그게 무엇인지 통

알 수가 없어서 불만을 품는 것이다. 그러나 이 책에서는 이미 라우션 버그와 같은 추상회화를 즐기는 방법도 설명했으므로 잘 모르는 작품이라도 그것을 리드미컬한 구성물로 즐기는 시각을 얻었을 것이다.

정답에 도달하기보다는 도중에 주위를 오락가락하거나 시선을 이리저리 돌리는 자유로운 여유의 시간이 예술 감상의 본질이다. 물론 이 작품은 뭘 나타내는 것일까, 하고 자문하면서 보는 게 맞긴 하다. 하지만 바로 해결한다는 것은 단순히 볼일이 끝난 것에 지나지 않는다. 싫은 일은 빨리 끝났으면 좋겠고, 필요한 것은 빨리 손에 넣었으면 좋겠다. 그래서 필요한 건 쇼핑하러 가지 않아도 바로 배달이 왔으면 좋겠다는 것이 현대인의 생각이다. 쇼핑은 목적하는 것을 바로 찾는 것보다 가게에 가서 여러 가지를 보고 예정에 없던 것까지 의외로 재미있는 것을 발견하기 때문에 즐거운 노릇이다.

도중에 이럴까 저럴까 망설이는 것도 즐겁다. 뭐, 때론 귀찮기도 하다. 그래도 즐겁다. 여기에도 불쾌와 쾌락이 공존하는 것이다. 매장에서 서성이는 것 역시 불안한 상태란 반증이고, 약간이지만 불쾌한 상태다. 하지만 그게 외출하는 즐거움이기도 하다. 거기에도 라캉이 말하는 향락이 있다는 얘기다.

도중의 과정을 늦추고 지연시킨다. 이걸 서스펜스라고 하는데, 아주 너르게 파악하면 시간 속에서 사는 게 그 자체로 서스펜스라고 할 수 있으며, 반대로 소설 등의 서스펜스란 시간을 경험한다는 것 자체를, 뭐랄까, 극단적인 형태로 −보통은 일어나지 않을 것 같은 사건을 일으킴으로써 − 나타내고 있다고 말할 수 있을 것이다.

생활에서 어떤 목적을 즉각적으로 달성하지 않거나 의도적으로 지연시키고 어슬렁거리며 '시간을 보내는' 것은 온화한 서스펜스다. 그렇게 시간을 보내는 것이야말로 예술과 연결되어 있다. 모양이나 색깔 혹은 소리 등이 어떻게 배열되어 있는지, 어떻게 구성되어 있는지, 그런 요소의 배열을 산책하듯이 즐긴다. 그것은 넓은 쇼핑센터에서 여러 가지 물건을 구경하는 것과 비슷하다.

음식에 관해서도 에너지 섭취라는 필요성만 충족시킨다면 패스트 푸드인들 무슨 상관일까만, 요리를 즐기는 것은 어느 정도 시간을 들여 먹는 것이다.

요컨대 한순간에 먹고 끝내는 것이 아니라, 입안에서 일어나는 다양한 감각의 리드미컬한 상황을 마주하는 것이다.

베르그송의 시간론

자, 여기서 원리적인 이야기로 넘어가고 싶긴 하지만, 이 책에서도 여기저기로 샛길로 빠지면서 설명하고 있으니 ―즉 시간을 끌고 있는 셈이니―이런 짓을 하는 것이 인간이라는 특수한 동물의 본질이라고 할 수 있다. 이에 관해 고찰한 철학자가 있다. 20세기 초엽 프랑스의 철학자 앙리 베르그송(Henri Bergson)이다.

베르그송은 현대인의 눈으로 볼 때 선구적인 글을 썼으며, 최근에는 과학과 연관된 면에서도 주목받고 있다. 일본에서도 연구가 활발한데 그런 연구자들의 중심에 서 있는 히라이 야스시(平井靖史)의 저서 《세계는 시간으로 이루어져 있다 ― 베르그송 시간철학 입문(世界は時間でできている―ベルクソン時間哲学入門)》을 바탕으로 인간과 시간의 관계를 설명하고자 한다.

우선 베르그송의 세계관에서는 돌, 쇠, 물과 같은 무생물에서 원시적인 생물, 동식물, 인간까지 존재가 서서히 변해가는 그러데이션이 있다고 파악하고 있다. 무생물과 생물을 일관된 시점에서 본다. 그것이 시간을 들일 수 있느냐 없느냐에 따라 그러데이션이 생기는 것이다.

외부에서 밀거나 자극을 받는 등의 작용을 받으면 반발한다. 이것을 반작용이라고 하는데, 물질의 경우 작용과 반작용은 물리법칙에 따라 즉각적으로 생긴다. 당구를 예로 들어볼까. 공을 치면 맞은 공은 즉시 굴러간다. 그때 공은 "아이쿠, 맞았네, 어쩌지?" 하고 망설이지 않는다. 당연한 말이지만, 물리법칙에서는 지연이 없다. 참 재미있는 개념이라고 생각하지 않는가?

그런데 그러데이션이 생물 쪽으로 가면, 자극을 받을 때 어떻게 반응할 것인가 하는 선택지가 늘어난다. 당구공과 공이 부딪칠 때는 물리법칙에 따라 답은 하나로 정해져 있다. 예측할 수 없는 다양한 방향으로 굴러가면 큰일 난다. 물리란 그렇게 자유로운 게 아니다.

그러나 생명이란 참으로 불가사의한 존재다. 생물은 물질의 결합으로 이루어져 있지만, 생물의 행동에는 자유가 있다. 개의 엉덩이를 때리면 어떻게 반응할지 예측할 수 없다. 하지만 당구대에서 9번 노란색 공을 팡팡 때리면 어떻게 될지는 예측할 수 있다. 아무 일도 일어나지 않는다. 하지만 만약 개의 경우처럼 그 후에 일어날 일을 예측할 수 없다면, 9번 공을 반려동물로 삼을 수 있을 것이다.

다시 말해 반려동물을 키워 즐겁다거나 함께 있으면 마음이 편안해진다고 하는 이유는 움직임에 예측오차가 있기 때문이다. 기묘한 이야기가 아닌가. 한편, 우리는 세계가 예측대로 되기를, 즉 안정되기를 바라지만, 동시에 예측오차 혹은 다른 말로 바꿔 우연성을 −참을 수 있는 정도라는 조건은 붙지만− 바라는 것이다.

물질은 작용과 반작용 사이에 빈틈이 없다. 그런데 생물이 되면 '작용과 반작용의 커플링'이 느슨해진다. 짚신벌레 같은 원시적 생물은 상당히 규칙적인 움직임을 보이지만, 더 복잡한 동물, 더 복잡하다는 의미의 고등동물이 되면서 예측 불가능성, 즉 우연성이 더욱 커진다.

그렇게 생각했을 때 작용·반작용의 커플링이 아마도 가장 느슨해진 생물 종은 바로 인간이라는 얘기다.

작용에 대한 반작용이 다양하다는 것은 곧 정해진 행동을 하지 않고 이럴까 저럴까 망설일 여지가 충분하다는 뜻이다. 인풋에 대한 아웃풋에 커다란 지연(遲延)이 생길 수 있다. 인간이 느끼는 시간이란 단순히 사건이 차례차례로 지나간다는 의미만이 아니라, 어떤 반작용(리액션)을 할 것인가 하는 여지를 가리킨다.

지연은 행동의 다양성이다. 인간은 그것을 자랑스럽게 생각하고, 즉 자신은 자유롭다는 의식을 갖고, 그 여유를 즐긴다. 하지만 그 여유로 인해 불안해지거나 공포에 빠지기도 한다. 이처럼 긍정적인 면과 부정적인 면이 섞인 딜레마적인 상황이 사회의 여러 가지 문제를 낳고 있으며 −인간의 생각과 행동이 워낙 다양해서 대립도 일어나고 좋은 만남도 일어나지만− 동시에 예술의 본질이기도 하다.

지나치게 많은 가능성을 제한하다

나 자신의 인생이 −어떻게 살아나가야 할지가− 알 수 없게 된다. 일상

생활은 해나가면서도 막연히 갈 곳이 없어서 무엇을 해야 할지 모르겠다면, 인간의 본질인 '가능성의 과잉'에 빠져 있기 때문이 아닐까? 목표가 한정되지 않으면 무엇을 해야 할지 모르고 몸이 굳어서 우울한 상태가 되기도 한다.

인간은 그런 부정적인 상태를 피하고 싶어 하지만, 목적화를 벗어나 불안한 상태야말로 저 깊숙한 데서 예술과 연결되는 것이다.

예술작품을 보는 것은 어떤 목적을 달성하려는 것이 아니다. 예술은 다양한 견해의 가능성을 넘치도록 갖고 있고, 특히 추상적인 작품이 되면 그게 불편해져서 거부반응을 일으키는 것 같다. 그러나 하나의 작품이 있다, 어떤 리듬이 있다, 하는 제한을 둠으로써 사방으로 둘러싸인 곳을 만들어내는 것이 예술이다. 리듬을 느끼는 것은 뭔가를 구현하여 일시적으로 안정 상태를 만드는 것이다. 의미를 알 수 있다고 납득할 정도까지는 아니더라도 일시적 안정 상태는 이루어진다. 즉 리듬으로서 성립하는 것이다.

자기계발서 등에서 말하는 것처럼 불안을 해소하려면 명확한 목적 달성의 과제를 수행하는 게 효과적인 방법이다. 방에 그냥 멍하니 앉아 있을 게 아니라, 우선 청소나 빨래나 쇼핑을 하는 등 구체적인 행동을 함으로써 가능성의 과잉 상태에서 자신을 구해야 한다. 이것은 일종의 리듬을 형성하는 작업이라고 할 수 있다. 고민하기보다 행동한다는 것은 '의미에서 리듬으로'라고 바꿔 말할 수 있다.

'먼저 움직이자'와 같은 조언은 일본에서 신경증 치료의 선구자인 모리타 마사타케(森田正馬)가 권했던 바이다. 이를 모리타 요법이라고 한다. 불안하더라도 일단 일부터 하라고 모리타는 충고한다. 불안이 해소되고 난 다음에 일하겠노라고 생각하지 말라는 거다. 일하는 동안에는 불안도 신경 쓰이지 않기 때문이다. 모리타는 바로 이것이 불안 해소의 본질이라고 생각했다.

이것은 기술이 충분해질 때까지 피아노를 친다고 말하지 못하거나, 이 정도로는 그림을 그린다고 내세울 수 없다며 자신을 억제하지 말고 자기 나름대로 예술을 시작하자는 조언과도 비슷하다.

일상의 과제를 처리하는 것과 예술은 서로 비슷한 점이 있다.

빨래와 같은 일상 업무의 처리는 상당히 한정된 행위여서 쓸데없는 생각을 하지 않아도 된다. 하지만 예술의 경우는 일단 쓸데없는 것에 몸을 담그게 된다. 다양한 작품에 눈을 돌리고 상상력을 동원하여 그 속에서 어떤 리듬을 만들어내야 한다. 결론적으로 말하자면, 도중에 이만하면 됐어, 하면서 '임시 고정된(仮固定)' 형태를 만드는 것이 중요하다. 그렇지 않으면 끝없는 고민이 이어지기 때문이다.

예술에서도 손을 움직여보는 것이 중요하다. 신체 운동을 통해 결과적으로 만들어지는 것이 좋다고 생각한다. 그 '중단'의 신체성은 말하자면 빨래를 하는 것에 가깝다.

인간의 다양성

예술이란 다양한 것을 느껴도 되고 생각해도 된다고 격려해주는 것이
며, 상상력의 확대를 보여주는 것이다. 동시에 예술가는 자신은 상상도
하지 못한 방식으로 사물을 한정하는 방법을 가르쳐준다. '이렇게 만들
수도 있다니' 하는 재미다. 개념적으로 말하면, 어떤 개성적인 방법으
로 '유한성'을 보여주는 것이다. 헤아릴 수 없이 많은 가능성 속에서 작
품이라는 유한한 것을 임시로 고정함으로써 말이다.

　어떤 특정한 형태에 집착하는 화가가 있는가 하면, 어떤 울림에 집착
하는 음악가도 있다. 그것은 절대적인 것이 아니라 사람에 따라 다르기
때문이다. 그러므로 예술에 익숙해지기 위해서는 여러 아티스트의 다
양한 작품을 보는 것이 중요하다. 그래야 사물을 한정하는 방법에는 여
러 가지가 있다는 것, 즉 '유한성의 다양성'을 알 수 있기 때문이다. 이를
통해 삶을 더 유연하게 살아갈 수 있다. 인생을 살아가는 데 있어 즐거
움을 찾을 수 있는 포인트가 더욱 다양하다는 것을 알게 되는 것이다.

　임시 고정의 상태가 좋다는 것은 여러 가지 예를 통해서 알 수 있다.

풍경을 그릴 때 절대적이고 유일한 최고의 화법은 없다. 이런저런 작품들은 모두 임시적이다. 최고의 걸작이니 궁극의 무엇이니 떠들지만, 그런 수많은 작품을 많이 보면서 '틀림없이 그건 걸작이지만 그 밖에도 좋은 작품이 있다'라는 감각을 키우게 된다.

현실에서 목적을 달성할 때는 달리 방법이 없어서 그렇게 할 수밖에 없다는 결론에 종종 이르지만, 예술에서는 그렇지 않다. 예술은 다양성과 상대성을 가르쳐준다. 그리고 크게 봐서 인생의 리듬이라고 하는 것도 다양해야 좋지 않을까 하는 생각이 든다.

다양한 예술이 있다는 사실에 가까워짐에 따라, 삶의 다양성도 긍정할 수 있게 된다. 다만 여기에는 중요한 충돌이 있고, 인간사회에는 이렇게 하는 게 옳다, 이것이 선이고 이것은 악이다, 하는 식의 윤리나 정의라는 문제가 있다. 윤리나 정의에 관해 절대적인 기준이 있느냐 없느냐에 관해서는 여기서 이야기하지 않겠다. 현실적인 문제에 대해 어떤 견해를 취해야 하는지도 고민하자면 끝이 없을 것이다. 그러나 예술에는 '어떻게 해야 하는가'의 바로 앞에 놓인 시각이 있다. 이것은 현실의 직시를 회피하자는 것이 아니다. 인간과 사건에 대한 다른 시각을 찾는 것이다.

이런 말을 하면 반발하는 사람이 있을지도 모르지만, 그 어떤 악인의 인생이라도 예술적 관점에서 보면 하나의 작품이라고 할 수 있다. 실제로 현실 사회에서는 허용되지 않는 짓이 문학 작품에서는 어쩔 수 없는 인간의 한 가능성으로 그려지기도 한다. 그때 그것은 '이런 나쁜 사람을 조심하자' 식의 주의 환기용 메시지로서 보내는 게 아니다.

인간이란 근본적으로 가능성의 과잉 속에서 사는 동물이며, 그 넘치는 가능성에는 어떤 규범을 벗어나는 것, 극단적으로 말해 악한 행위까지도 당연히 포함된다. 그렇기 때문에 현실 사회의 운영에는 더불어 살아가기에 꼭 필요한 제한과 금지가 설정되어 있다. 하지만 애초에 인간이 악행까지 포함하여 엄청나게 넘치는 가능성 속에서 살고 있다는 것을 표현으로 인정하는 것이 예술의 힘이며, 그것은 인간이 인간이라는 조건을 인정하는 것이나 다름없다.

목적 지향과 예술적인 매달려있기

인간은 다른 동물에 비해 매우 크고 가능성이 넘쳐나는 존재다. 따라서 뭔가를 지연시키기도 하는가 하면, 반대로 역시 동물인지라 목적을 최단 시간에 달성하려고 하는 경향도 있다.

이 두 가지가 서로 줄다리기를 벌인다. 어떤 면에서는 목적을 빨리 달성할 수 있다는 것이 쾌감을 주기도 하지만, 다른 한편 그야말로 인간다운 모습으로 도중에 머뭇머뭇하거나 서스펜스를 즐기는 면도 있다. 서스펜스는 불안하고 불쾌하면서도 재미있다. 라캉이 말한 향락이다.

실제로 목적을 달성하는 게 아니라 여가를 보내는 두 가지 방법을 생각할 수 있다.

하나는 목적 달성의 즐거움을 시뮬레이션하는 방법으로 가공의 목적을 향해 몇 단계의 장애물을 설정하고 그 서스펜스를 즐기는 것이다. 그 예가 놀이나 게임이며, 이것은 어디까지나 목적 지향적이라서 아마도 본능적으로 친숙해지기 쉽고, 예술보다도 대중적이라고 할 수 있을 것이다. 역시 사람은 동물이고 삶의 중심에는 목적의 달성이 있기 때문이다.

반면 목적 달성보다 그 과정에서 공중에 매달려있는 상태가 주를 이루면 더욱 예술적으로 변한다. 다만 그것은 불안과 등을 맞대고 있어서, 목적성이 좀 더 뚜렷한 놀이나 게임보다는 대중성이 낮다.

인간의 생활은 '목적 지향'과 공중에 매달린 불안이 뒤섞인 '향락'이라는 두 가지를 혼합함으로써 이루어져 있다. 사람에 따라서는 그 균형이 어느 한쪽으로 치우쳐 있는 경우가 있을 터이다.

게임이든 예술적으로 공중에 매달려있든, 인간에게 즐거움의 본질은 그저 안심하고 안정된 상태가 아니다. 즐겁다는 것은 어딘가에 '문제'가 있다는 뜻이다. 막연하게 문제가 있고 흥분성이 높아지는 게 불쾌하면서도 즐겁다. 즐거움 속에는 그러한 '부정성(否定性)'이 포함되어 있다. 부정적인 것은 일반적으로 피하려 들기 때문에 이것은 의식에 떠오르지 않는다. 그러나 예술이나 오락을 생각할 때 이는 매우 본질적인 것이다.

제8장

반복과 안티센스

예술의 의미

이 책에서는 의미나 목적에서 벗어나 사물을 그 자체로서 ㅡ다시 말해 리듬으로서ㅡ 즐겨야 하는 거라고 여러 가지 예를 들어가며 설명했다. 메시지가 아니라 먼저 형태가 어떻게 되어 있는지 리듬의 구조를 보는 것. 그것은 비평의 용어로 표현하면 '형식주의(formalism)'라는 견해 였다.

다만 그러다 보니 읽는 동안 이런 의문을 느낀 사람도 있을지 모른다. 리듬이 재미있으면 그걸로 충분한가?

여기까지 오는 도중에 '예술의 의미'란 무엇인가 하는 것을 다뤘더라 면 좋았겠지만, 이 마지막 장에서 그 점을 생각해보고자 한다.

"결국, 이 작품은 무엇인가?" 여태 이 질문을 제쳐둔 이유는 뭘까. 의 미를 알 수 있는지 없는지에 집착하는 사람들이 많은데, 그러한 집착이 추상적이거나 복잡한 작품에 대한 접근을 아예 차단하기 때문이다. 여 러 작품을 동일 평면상에서 보기 위해서는 우선 의미를 향한 관심을 일 단 내려놓는 것이 좋다. 그러면 단순히 사각형이나 선이나 페인트가 튄 자국만 있는 화면이든, 혹은 인간이나 풍경을 그려서 '의미를 알 수 있는' 작품이든, 어쨌건 리듬의 재미라는 같은 관점에서 즐길 수 있게 된다.

다만 여기서 지금 시대의 문제가 대두된다.

리듬만 즐기면 된다고 가정하는 경우, 생성 AI가 대량의 텍스트나 이미지를 학습하여 그럴듯하게 만들어낸 작품과 인간이 어떤 기분을 담아 만들어낸 작품을 굳이 구별할 필요가 없어진다. 그렇다면 정말로 그렇게 될까?

어떤 의미에서 답은 '그렇다'이다.

단순히 그 자체로, 강도 높게, 말도 안 되는 것을 즐긴다는 의미에서 AI가 만들어낸 것을 즐길 수 있고, 인간이 만든 것도 말하자면 '탈인간화하여' 즐길 수 있다. 게다가 아주 오래전인 1920년대 전후, 다다이즘이나 초현실주의가 시도했던 것은 '인력(人力)의 AI' 같은 것이었다고도 말할 수 있다.

하지만 인간과 AI는 역시 다르다고 말하고 싶다. 적어도 현시점에서는 말이다. 아마도 마지막에는 살아있는 몸이 있느냐 없느냐 하는 문제만 남을 것이다. 인간은 생물이다. 생물로서 살기 위해 뭔가를 추구한다는 충동이 있다. 컴퓨터에는 그런 게 없다.

예술과 '문제'

예술에서는 너른 의미에서의 형태, 즉 리듬을 통해 무언가가 표현된다.

그렇다면 무엇이 표현되는가?

사람들은 거기에서 뭔가 '알 수 있는 것'을 요구하는 것 같다. 예를 들어 전쟁을 그린 장편소설이 있다고 하자. 전쟁의 비참함을 호소하거나 전쟁에 반대하는 것이 그 소설의 큰 의미 혹은 알기 쉬운 메시지라고 하자. 그러나 작가는 그러한 메시지를 전달하기 위한 '설득의 수단'으로서 긴 소설을 쓰는 것이 아니다. 전쟁에서 불행을 겪은 수많은 사례를 들어 메시지에 힘을 주려고 장편소설을 장황하게 쓰는 게 아니란 말이다.

오히려 소설에서는 전쟁이 일어날 수밖에 없는 이유나, 비참한 상황에서도 어떤 풍경에서 발견되는 희망, 전쟁의 복잡성을 보여준다. 큰 줄기는 전쟁이라는 죄악을 고발한다고 해도 거기서 그치지 않고, 죄악임을 알면서도 역사를 통해 몇 번이나 반복되는 전쟁의 비극성이나 그 극단적인 면을 다양한 각도에서 겹겹이 그려낸다.

전쟁은 인간에게 하나의 거대한 '문제'이며 그 문제가 얼마나 복잡한지를 구체적인 묘사로써 복잡하게 제시하는 것이 전쟁소설이라 할 수 있다.

반전(反戰)이라는 것은 전쟁이 사라지는 '문제 해결'로 나아가야 한다는 메시지다. 하지만 작품이 인간을 사로잡고 깊이 생각하게 만드는 이유는 '문제'가 문제로서 제시되기 때문이다. '문제'의 복잡함과 집요함을 표현하기 때문이다.

사건을 그저 사건으로만 본다. 인간 드라마의 관점이 주를 이루면, 얽히고설켜 풀리지 않는 사건의 복잡성은 가려지기 일쑤다. 이 책에서는 의미나 목적과 거리를 두고 단지 거기에서 나오는 리듬을 보는 태도를 설명했는데, 그래야 '문제'가 떠오르기 때문이다.

· 문제란 반복적으로 떠오르는 것, 되풀이되는 것이다.

이 사람이 복수하고 싶었다느니 정의는 승리한다느니 하는 결론은 어찌 되었건, 얽히고설키며 전개되는 형태(즉 리듬)를 보면서 일어나는 일의 복잡성을 파악하고 난 후에, 다시 인간의 감정을 알아낸다.

그런 관점에서 보면, 선악이나 원한이 주를 이루는 드라마보다 이 작가가 어떤 감각에 민감한가와 같은 더 심오한 차원을 파악할 수 있게 된다.

이 작가가 소리를 주의 깊게 묘사하거나 공간의 협소함에 민감하게 반응하는 걸 보면, 그것이 지나치게 예민한 지각과 관련이 있지는 않은가 해석할 수 있을지도 모른다. 그렇다면 어디와 어디에 무슨 이해가 얽혀 있기에 전쟁을 벌이고 있는지, 그 의미나 목적에서 벗어나 극한의 사태에서 인간이 어떻게 자극받고 마음으로 어떻게 괴로워하며, 인간관계는 어떻게 그 구원이 되는지가 '문제'로 떠오를지도 모른다.

공간의 협소함에 주목한다면 숨이 막힌다든지 도망칠 수 없는 것이 '문제'가 되고 있는지도 모르고, 아니면 전쟁이라는 거대한 것으로부터 숨을 수 있는 공간이 '문제'가 되고 있을 수도 있다.

작품이란 '문제'의 변형이다

이런 식으로 설명하다 보면 전쟁소설 안에 추상화가 보이는 것 같지 않은가? 혹시 라우션버그의 그림처럼 보이지 않는가?

실제로 라우션버그가 어떤 상황에서 작품을 만들었는지에 관한 전기적 사실을 조사했다면 거기서부터 설명할 수 있을 것이다. 하지만 이는 하나의 해석 방법에 지나지 않으며 그걸 모른다고 해서 감상할 수 없는 것은 아니다. 거기서 펼쳐지는 형태의 충돌을 감상자의 감각과 연결해서 이해해도 좋다. 거기서 전투와 같은 격렬한 대비를 볼 수도 있고, 밀도가 높은 부분에서 널찍한 곳으로 시선이 빠져나갈 때 뭔가 해방감을 느낄지도 모른다.

즉 추상화 위를 돌아다니는 것은 전쟁이란 상황에서의 다양한 운동성과 비슷하다는 말이다. 물론 전쟁은 하나의 예시에 불과하다. 라우션버그의 그 그림을 전쟁으로 보는 것이 정답이란 얘기는 아니다. 전쟁소설의 예를 설명했으니 그 연상과 이어질 수도 있을 거라는 말이다. 추상화에서 일어나는 리드미컬한 전개를 보고 무엇을 생각하든 그건 자유다.

다만 라우션버그라는 개인에 주목해서 말하자면, 흙빛 같으며 더러워진 듯한 색채가 많이 사용되는 이유는 무엇일까, 잡동사니가 뒤섞인 듯한 이미지는 대체 무엇의 표현일까, 하고 생각하는 즐거움이 있다. 확실히 그러한 작품의 경향에는 그 작가 특유의 개성이 나타난다.

개성이란 뭔가를 되풀이하는 게 아닐까?

개성적인 반복. 그것은 어떤 문제의 표현이다. 그 문제가 결국 무엇을 의미하는지는 여전히 모호하다. 라우션버그는 문제를 해결하기 위해 작품을 만드는 것이 아니라 문제를 '안고 있는' 상태에서 작품을 만든다. 개인이 안고 있는 문제, 스스로는 충분히 자각하지 못하는 문제를 둘러싸고 작품을 만들어내는 것이다.

문제가 모습을 바꾸어 여러 가지 형태로 나타난다. 뭔가 반복되고 있는 것 같은데, 그것이 여러 가지 차이로 표현된다. 우리는 자신의 체험이나 기호에 비추어 그것은 이런 의미가 아닐까 하는 감상을 품게 되지만, 당연히 답은 하나로 정해지지 않는다. 라우션버그 고유의 '몸의 버릇'과 같은 색이나 형태의 리듬에 어울리고 그것과 하나가 되도록 하여 무언가를 생각하게 하는 것이다.

소설을 읽을 때는 인물의 기분이나 의도를 이해하려고 노력한다. 그러나 앞에서 말한 바와 같이, 묘사되는 공간의 특징이라든가 문장 속도의 변화, 어디에서 단락이 변하는지, 어느 정도 설명하고 생략할 것인지, 하는 것까지 포함하여, 그러한 본연의 리듬은 그림으로 말하자면 화면에 어떻게 형태나 색이나 질감을 나타내는가 하는 것에 대응한다. 이야기를 이해하는 동시에 거기 잠재하고 있는 문제의 반복이 어떻게 쓰여 있는지를 관찰함으로써 느낄 수 있다. 다만 그것이 무엇인지는 확실하게 알 수 없다.

어쩔 수 없는 딜레마

예술이란 그걸 만드는 사람의 '어쩔 수 없는 상황'을 나타내는 것으로 생각한다. 일종의 반복이다. 그것이 예술의 깊고 사적인 본질이다. 인간은 사회적 존재라서, 그 사적으로 어쩔 수 없이 하게 되는 것과 이래야 한다는 공적인 규범 사이에 충돌이 일어날 수 있다. 그렇게 되고 마는 본연의 자세와 공적인 '해야 함' 사이에 갈등이 생긴다.

소설에서는 해서는 안 되는 일이 쓰이기도 한다. 그러나 문학이라고 해서 뭐든 써도 되는 게 아니라, 윤리나 규범의식이나 어쩔 수 없이 저지르게 되는 인간의 행위에 대한 종교적이라고 할 수 있는 '용서'가 복잡하게 섞인 상태에서 쓰인다. 거기에는 갈등이 있다. 공공성과의 갈등, 혹은 딜레마가 담겨 있다.

예술에는 종교에 가까운 면이 있다. 예수가 죄인을 용서했으나 많은 이들이 돌을 던졌다. 기독교는 훗날 일종의 도덕 시스템이 되는데, 예수에게는 모든 것을 용서하는 면이 있다.

예술의 중심에는 신체적 버릇이라고 할 수 있는 반복이 자리 잡고 있다. 공공성에 중심축을 둔다면 이런 식으로 해서는 안 된다. 고쳐야 한다는 말이 된다. 공공성과 신체성 중 어느 쪽에 중심축이 있느냐가 오락적인 것과 예술적인 것을 구분한다고도 할 수 있다.

사람들은 신체와 공공성에 딜레마가 있다는 것을 알고 있으면서도 공공성에 치우쳐서 작품의 메시지를 읽어 내려고 하는 걸 좋아하는 것 같다. 그에 비해 이 책에서 제시하는 것은 사회와의 딜레마가 있을 때, 다소 자극적인 표현을 쓰자면 '몸이라는 죄악' 쪽으로 치우치는 데서 예술의 의의를 찾는다는 견해다.

센스와 안티센스

이제 '센스'라는 키워드로 돌아가보자.

일정한 반복과 그에 대한 차이가 리듬의 재미이며, 기본적으로 그것이 어느 정도의 차이로 배치되면 '센스가 좋은' 것이 된다. 하지만 어느 정도 차이를 갖춘 결과물이라면 아무런 '문제'도 없는 AI에서도 생성할 수 있을 테다. 또한 일탈의 성격이 강하고 우연성을 의식하게 하는 '숭고함에 치우친' 방향으로 무너뜨리는 것조차 매개변수의 확률만 잘 설정하면 AI에서도 시뮬레이션할 수 있을 것이다.

아마도 중요한 것은 반복의 '필연성', 즉 삶과 결부된 필연성이 아닐까 싶다. 생물로서 폭풍처럼 휘몰아치는 자극 속에서 자신의 주체성을 임시 고정하기 위해 그러한 반복이 필요했고, 그렇게 할 수밖에 없었다는 필연성 말이다.

컴퓨터에는 그런 게 없다. 뭔가가 부족하다. 그래서 채우고 싶다는 생명으로의 0→1에는 살아야 한다는 필연성이 있다. 컴퓨터에서는 모든 정보가 0과 1이란 쌍으로 환원되는데, 거기서 0과 1은 완전히 등가(等價)이며 0에 '없음(無)'이나 '결핍'이라는 의미는 없다. 단지 두 개의 상태가 구별될 뿐이다. 인간에게도 디지털적이라고 할 수 있는 이항대립(二項對立)으로 사물을 처리하는 면이 있지만, 거기에는 살고자 하는 방향과 관련된 편향이 있어서 순수한 정보공간이 펼쳐지고 있는 것은 아니라고 생각한다. 내가 추측하기로는 그렇다.

하던 이야기로 돌아가자. 라우션버그의 작풍도, 소설가의 문체나 자주 등장하는 모티브도 제작 활동 전체에 걸친 큰 반복이라고 할 수 있다. 요컨대 '이 사람은 항상 이런 일을 하는구나'라는 생각이 들게 되고, 인간은 그러한 반복에서 뭔가 무거운 것을 발견한다.

한 가지 일에 집착하지 말고 여러 가지 일로 뛰어드는 것이 센스가 좋다고 말할 수 있을지도 모른다. 그렇게 해야 부담이 없다고 할 수 있다. 그것은 그것대로 칭찬받을 일이지만, 인간은 숙명적으로 뭔가에 홀린 사람에게 매력을 느낀다. 다만 '숙명적으로 뭔가에 홀린 것처럼 행동한다' 식의 자기 연출도 있어서 보통 방법으로는 쉽지 않다.

어쨌든 반복과 차이의 균형이라는 의미에서 센스가 좋다고 하는데, 이때 무언가에 집착해서 반복하는 것이 중요한 요소다. 방금 말한 좋은 센스를 망칠 수도 있기 때문이다. 이를 '안티센스'라고 부르고 싶다.

인생은 무언가를 반복하고 변주한다. 그 출발점에는 몸이 있는데, 문제라는 것은 몸에서 기인하면서도 거기에서 떠올라 추상적인 소용돌이가 되어간다. 문제는 되풀이되지만, 언젠가 다른 형태가 될지도 모르고, 그 또한 예측할 수가 없다. 일생을 두고 반복될지 어떨지 알 수는 없지만, 어쨌든 문제와 씨름하며 인간은 변해간다.

그런데 작품을 인생에 환원하는 것도 맞지 않고, 작품을 완전히 개인에서 벗어난 것으로 파악하는 것도 맞지 않다고 생각한다. 작품은 주체화와 함께 있는 동시에 주체의 변용, 나아가 익명화와도 함께 있다.

어쩔 수 없는 어떤 반복에는 우연히 이 존재로 태어났다는 우연성이 그 밑바탕에 깔려 있다. 반복에는 우연성과 무작위성이 겹친다. 집요한 것으로서의 필연성을 가지면서도 우연히 그렇게 되었다는 우연성도 있어 두 가지 뜻으로 해석할 수 있는 문제가 반복과 차이의 센스를 갈라 놓는다. 그때 사람은 거기에 중요한 것이 있다고 생각한다. 거기에는 진지하게 마주해야만 하는 것이 있다.

악마적인 반복

센스가 좋다고 하는 균형을 깨뜨리는, 문제의 반복에 의한 안티센스. 속수무책인 망령. 거기에는 어떤 전형적인 것, 틀에 박힌 무언가가 관련돼있는 게 아닐까? 이것을 마지막으로 설명하고 싶다.

개성이란 건 100명이면 100가지로 다양하지만, 하나하나의 개성은 순수하게 독창적인 것이 아니다. 개성에는 인생에서 보고 듣고 그것을 모델로 삼아 자아를 형성하는 여러 가지 전형성의 —스테레오타입, 틀, 클리셰(cliché) 등으로 바꿔 말할 수 있는 전형성의— 반복이 담겨 있다.

전형적인 것과 관계를 맺지 않고서는 주체가 될 수 없다. 주체화 과정에서는 어떤 모델을 참조하는데, 그 모델은 이미지적이기도 하고 언어적이기도 하다.

어떤 시대와 장소에서 우연히 태어나 어린 시절에 보고 들은 것이 제작의 모티브가 된다든가, 인생의 어느 국면에서 만난 잡지의 한 페이지에 나온 이미지나 텍스트가 남아 변형된다든가……. 어떤 박력을 동반하여 센스를 뚫고 나오는 것은 그 사람의 개성으로서의 반복인데, 그것은 '개성적인 템플릿 혹은 틀'과 같은 게 아닐까. 독창성(originality)이란 그 사람이 어떻게 전형적인 것과 관계를 맺고 또 거리를 두었느냐에 대한 독창성을 말한다.

예전에 어떤 책을 낼 때 표지 디자인을 담당 편집자에게 맡기려고 생각하고 있었는데 그가 이렇게 말했던 게 인상 깊게 남아 있다. "디자인이 너무 멋지면 의외로 잘 팔리지 않아요." 그 말을 듣고 나니 여러 가지 일이 연결되는 것 같았다.

세련된 센스 혹은 감각이 전부는 아니다. 촌스럽다고 해야 할지, 불쾌감마저 불러일으키는 것이 사람을 끌어당긴다는 건 주지의 사실이다. 장식과 기능성으로 말하자면, 근현대의 디자인에서는 장식을 절제하고 적당히 해야 세련된 것으로 보지만, 일종의 틀에 박힌 장식을 지나칠 정도로 많이 써야 대중문화다워진다.

양키 패션, 소위 '갸루'스러운 것, 양복의 집착, 모종의 집단적 역할의 과장 등등이 그런 거다.* 거기까지는 가지 않더라도 책 표지에 있어서 '별로 멋지지 않은' 편을 선호하는 경향도 비슷한 이야기일 것이다.

전형성이란, 거기에서 인간이 각자의 이름을 잃고 익명이 되는 것이다. 많은 사람이 그것에 의지해 주체화하는 틀 혹은 주형(鑄型) −그 틀을 수수방관하며 긍정하는 것은 파시즘적이다. 안티센스적인 것이 '잘 팔린다면' 그렇게 하는 편이 좋겠다는 표면적인 이야기는 파시즘적인 것으로 이어진다. 광고 이야기이니까 당연히 그렇게 될 것이라고 말할 수는 있다. 그러나 여기서 생각하고 싶은 것은 전형성의 파시즘을 비판하는 자세를 취하더라도 비판하는 주체에게도 어떤 반복이 있고, 그 대전제로서 인간은 늘 반복과 차이라는 한 세트로 움직인다는 점이다.

인간은 더 자유로워지려고 하는 한편, 정신분석학적으로 말하자면 어떠한 모델이나 틀에 의지하고 있다. 그 사이에 딜레마가 있고 절실함이 있다.

인간의 매력도 그런 것일 수 있다. 균형 잡힌 좋은 사람이라는 사실만으로는 매력이 떨어진다는 얘기는 흔히 듣게 되지 않는가. 오히려 어딘가 결함이나 파탄이 있는 사람에게 끌리는 경우가 있다. 그 파탄이란

---

* 여기서 양키는 양아치라든지 일진을 가리키는 일본의 속어이며, '갸루'란 영어 단어 Gal의 일본식 발음으로, 눈화장이 진한 특유의 방식으로 화장하고 태닝이나 화려한 헤어스타일과 패션을 한 여자들을 가리킨다_역주

그 사람 고유의 것이라기보다는 '일종의 틀에 박힌 것과 같은 그 사람 나름의 표현'일 때가 있는데, 그 고유의 인생이 전형적인 파탄에 빠지는 인간이라는 존재의 어리석음이 인간을 끌어들이는 악마적 매력이 되는 셈이다.

그런 걸 매력으로 보는 게 좋지 않다는 의견도 있을 것이다. 물론 그렇게 말할 필요도 있다. 그러나 인간의 개성적인 악을 지울 수는 없다. 그것을 지우려는 것이야말로 거대한 죄악이라고 나는 믿는다. 따라서 중요한 것은 역시 딜레마다.

악마적이라고 하면 '데모니쉬(dämonisch)'라는 독일어가 떠오른다. 프로이트가 <섬뜩한 것(Das Unheimliche)>이란 논문에서 쓴 말이기 때문일 것이다. 데모니쉬한 혹은 악마적인 반복이 있다. 그러한 반복을 변주한다. 그리고 그것은 언젠가 다른 형태로 바뀔지도 모른다. 하지만 당장은 반복이 계속된다.

센스의 좋고 나쁨과 안티센스가 팽팽하게 맞서는 곳. 그것은 일상 그 자체가 아닐까. 예를 들면 혼자 사는 방.

여기서 제1장으로 돌아가보자.

센스가 없다는 표현을 피하고, 센스가 아직 '무자각'인 상태를 다음과 같은 예로 설명했다. 사실은 호화로운 방에서 살고 싶은데, 그런 인생이면 좋았을 텐데, 그런 문화 자본이 있으면 좋았을 텐데, 그럴 리도 없으니 그럴듯한 가구로 방을 꾸미면 스스로 의식하지 못하는 신체성으로서의 생활감이 묻어나온다. 그때, 길은 두 갈래로 나뉜다.

뭔가를 동경하는 것을 그만둔다, 그러면 자유롭게 생성하고 변화하는 센스가 활발하게 살아날 것이다 —이것이 이 책에서 설명한 길이었다.

하지만 그 길을 걸어가다 보면 결국에 다른 쪽, 더 어두운 딴 길이 있음을 깨닫게 된다…… 아니, 어느새 분간하기 어려워진 두 길이 서로 분신(分身)처럼 됐다는 사실을 깨닫게 된다.

• 센스는 안티센스라는 그림자를 띠어야 진정한 센스가 되지 않을까.

그렇다면 초라한 생활감이 배어 나오는 그 좁은 공간에야말로 애초에 모든 본질이 있었던 게 아닐까. 그곳에 사는 누군가의 그 특이성이라는 '문제'가 말이다.

인간도 AI처럼 '무언가로부터' 무엇인가를 생성하고 있다.

어차피 그럴 수밖에 없는 문제의 것들이 예술과 생활에 걸쳐 반복되고 변형되어간다. 인간이 가진 문제란 그렇게 될 수밖에 것이어서 더욱 '안 그래도 괜찮았을 텐데'라고 하는 우연성의 표현이기도 하다. 문제가 반복되고 뭔가 하나의 덩어리로 보일 정도로 거기에서 끝없이 퍼지는 우연성이 눈부시게 폭발한다.

혼자 사는 좁은 방은 라우션버그의 그림과 비슷하다.

부록

예술과 생활을
연결하는 연습

이 책 전체를 바탕으로 하여 예술과 생활을 연결하는 방법을 소개하고 자 한다.

이것이 가장 좋은 방법이라고는 할 수 없지만, 구체적으로 어떻게 하면 좋을지 개인적으로 조언을 구한다면, 센스를 활성화하기 위한 지름길로서 나는 이런 제안을 할 것이다.

예술에 대한 교양을 쌓고 싶다는 요구가 많아 비즈니스맨을 대상으로 그러한 교양서가 출간되어 나와 있다. 이런 책들이 내세우는 문구로 다음과 같은 말을 듣곤 한다. 세계에서 활약하는 비즈니스맨은 우리나라 사람들보다 더 예술 문화의 교양을 지니고 있고, 그런 것들이 글로벌 비즈니스 현장이라고 할까, 그 사교의 장에서 중요한 의미를 품고 있다…….

혹은 최근에는 혁신으로 이어진다는 관점에서도 아트 씽킹(art thinking)이라든가 디자인 씽킹(design thinking)이 자주 언급되고 있다.

그런데 그런 교양 추천서 같은 경우에는 교과서에 나올 법한 명작을 예로 들 때가 많다. 서양의 명화, 클래식 음악, 일본의 전통문화 등. 혹은 좀 더 새로운 것, 거의 아이돌과 같은 대접을 받는 현대미술의 유명 작가를 소개하는 작품들도 있다. 그러니까, 역사 교과서 같이 이야기를 풀 것인가, 유행을 따라잡는 식으로 풀 것인가 하는 느낌이다.

그래서 미술사를 공부해보는 것도 좋겠지만, 여기서는 그걸 두 번째로 미루어놓고 싶다. 우선 나 자신의 인생에서 중요한 것부터 시작하는 접근법을 제안한다.

연습 1 / 자신에게 중요한 작품부터 시작한다

지금까지 살아오면서 영향을 받은 작품이라고 하면 무엇보다 먼저 의미를 생각할지도 모른다. 하지만 어떤 영향을 받았는지에 대한 의미적인 중요성보다는 왠지 자기 몸에 남아 있어서 '그러고 보니 나한테 그게 있었구나'라고 생각해보는 것이다. 애니메이션이든 음악이든 게임이든 뭐든 좋다.

그런 것들은 인간이나 사회를 바라보는 자기 자신의 방식, 풍경을 바라보는 방식, 생활 속에서 다양한 행동을 느끼는 방식…… 등에 뜻밖에도 두루 관련되어 있다. 세계관이나, 물질적인 신체 감각에 엮이어 있는 것이다. 성장하는 과정에서 보고 들은 것으로부터 사물을 파악하는 방법을 익히는 것이 인간이다. 게다가 애니메이션이나 게임 같은 대중문화를 작품이라고 부르면서 미술관에 있는 그림 같은 것과 완벽히 대등하게 취급한다.

어떤 캐릭터에 대한 감정이 남아 있다거나, 어쨌든 그 그림을 대단하다고 생각했다는 것만으로도 충분하다. 뭔가 대사를 따라 하려고 한다든가 하는 이른바 지우고 싶은 흑역사까지 포함해서.

우선 그곳을 출발점으로 임시 고정해두기로 하자.

생각나는 것을 항목별로 쓴다

그 작품에 대해 간단한 메모를 적어본다. 항목별로.

무엇이 중요했는지 등 의미를 중심으로 생각하면 잘 써지지 않을 것이다. 그저 생각나는 것을 단편적으로 나열해보는 게 어떨까. 찬찬히 뒤돌아보며 '그게 뭐였더라?' 하고 정리하는 모드로 들어가지 않는 편이 좋다.

캐릭터가 생각나면 그 이름만 써도 된다. 뭔가 인상적인 장면이 있으면 그 일부만이라도 좋으니 말로 표현한다. 파란 차가 나오면 '파란 차, 저녁 장면'이라든가. 애써 기억한다기보다는 추억이 '된' 것을 써나가는 것이다. 즉 자신에게 남아 있는 것을 말이다. 그런 게 뭐가 중요한지를 나타낸다.

그 당시 생활하면서 생각하던 것이 결국에는 떠오를지도 모른다. 뭔가 생각나면 가능한 한 스스로 검열하지 말고 살짝 적어둔다.

이 사전 준비는 사물의 중요성을 생각할 때 의식적으로 의미를 부여하는 게 아니라, 무의식으로부터 떠오르는지 아닌지에 맡겨버리는 연습이다.

이에 따라 출발점이 되는 작품의 몇 가지 포인트에, 현시점에서 새삼 무게를 두게 된다. 의미를 부여하는 게 아니라, 그것이 무엇인가는 제쳐놓고 단순히 '무게'를 부여하는 것이다. (여기서도 탈의미적인 접근법을 취한다)

리듬에 주목하고 다시 감상하라

다음으로 그 작품을 다시 한번 감상해 보겠다. 애니메이션이나 영화라면 오랜만에 다시 본다. 소설이라면 다시 읽는다. 그림의 경우라면 검색하고, 음악이라면 스트리밍 서비스로 찾아본다.

뭔가 생각나는 바가 있을 것이다. 예전의 인상이 되살아날지도 모르고, 지금의 나는 더 '쿨'해졌을지도 모른다.

그리고 이 책에서 설명한 리듬에 주목한다는 관점에서 감상하자. 이 작품이 어떻게 만들어졌는가, 하는 구조적인 의식이다. 이때 맨 처음 목록을 만들 당시 신경 쓰였던 포인트가 다른 요소와 어떤 관계에 있고 어떤 리듬을 구성하고 있는지 생각해보자. 그게 무엇을 의미하느냐가 아니라, 요소가 어떻게 연결되어 있느냐 하는 리듬의 배선(配線)만을 생각한다.

여기서 '분석'이라는 말을 사용하면 딱딱한 느낌이 들겠지만, 문화를 연구할 때 분석이란 우선 이런 견해를 갖는 것이다. 프로페셔널한 연구자들은 대체로 이 점을 인정할 것이다.

영상 작품이라면 어떤 식으로 장면(샷)이 전환되는가를 본다. 인물의 움직임이나 사물의 배치는 어떻게 되는가? 색채와 소리의 조합은 어떻게 이루어지는가?

물론 대충이라도 상관없다. 어쨌든 '무엇이 내 마음에 걸리는가'가 기준이다. 객관적으로 중요한 포인트를 나는 간파할 수 있을까, 하는 식으로 자신을 탓하는 식으로 생각해서는 안 된다. 나는 이 부분이 마음에 걸리는데, 하는 것만으로 충분하다. 거기서부터 모든 것이 시작되기 때문이다.

스스로 그 작품의 의미나 내용뿐만이 아니라, 어떤 리듬에 반응하는지를 파악했으면 좋겠다.

맨 처음 작품에서 뜻대로 잘되지 않아도 상관없다. 일단 해보고 조금

씩 그 숫자를 늘려나가면 된다. 그러면 리듬이라는 시각으로 다양한 것을 보는 데 익숙해진다.

다른 작품으로 넓혀나가기

그래서 맨 처음 작품에서 다른 작품으로 어떻게 넓혀나갈 것인가, 역시 그 첫 작품에서 가지를 쳐서 뻗어나가도록 해보자. 여러 정보를 조사해본다. 작가가 어떤 사람인지, 그밖에 어떤 작품이 있는지, 초기 작품인지, 가장 활발하게 활동하고 있는 시기인지.

만드는 방법이나 리듬의 특징을 파악한다는 생각으로 다른 작품들도 들여다보면 좋을 것이다.

또한 개인적으로 중요한 작품이 어떤 장르인지, 예를 들어 애니메이션의 역사에서 어떤 단계에 있는지를 조사한다. 먼저 동시대의 작품으로는 무엇이 있는지 살펴보자. 그리고 그 이전과 이후의 상황도 살펴본다. 이런 것들은 이제 인터넷에서 금방 찾을 수 있다.

가령 지금 애니메이션을 예로 들고 있는데, 그 작품과 같은 시기에 실사 영화나 문학, 미술, 음악 등 다른 장르에서는 어떤 작품들이 만들어졌을까? 그 애니메이션 작품이 1980년에 만들어졌다고 하자. 그렇다면

1980년 전후의 영화, 소설, 당대의 미술 작품 등을 살펴보고 시간이 나면 감상하도록 하자. 이런 식으로 넓혀가다 보면 '모든 예술'이 취미가 된다고 생각한다.

동시대의 여러 장르에 리듬 혹은 운율의 공통성이 있는지 잠시 생각해보자. 단, 그것을 무리하게 발견하려고 하지 않아도 된다. 장르를 넘나드는 공통성을 말로 표현하기는 쉽지 않다. 작품을 다양하게 보는 즐거움이 일상화되고 몇 년이 지나면 점점 말로 표현하게 될 것이다. 처음에는 시대의 분위기를 느끼는 것만으로 충분하다.

연습 2/ 일반교양

내가 가르치는 방법으로는 이쪽이 우선순위에서 밀릴 테지만, 미술사나 음악사 등의 입문서를 읽어보자. 교양서의 대부분은 미술사라면 르네상스의 유명한 작품부터 거슬러 올라가거나, 혹은 대충 끊어서 근대, 즉 모더니즘 이후에만 추려내는 방법도 있는데, 어쨌든 통사(通史)적인 것이 많은 것 같다.

그러나 1980년경에 누군가가 우선 흥미가 당긴다고 해서 갑자기 15세기 르네상스 시기의 이탈리아를 읽어봤자 뭐가 뭔지 알 길이 있겠는

가. 하물며 아예 처음부터 배워야 한다며 고대 그리스부터 시작한다면, 그건 일을 하기 전에 방을 대청소하려고 덤벼들었다가 끝내지도 못하는 것과 같다.

기준이 되는 시대에서 거꾸로 거슬러 올라가는 것이 좋다고 생각한다. 1980년대부터 시작한다면 1970년대와 1960년대로 거슬러 올라가 20세기 전반이 어떻게 전개되었는지를 대충 파악하는 식이다. 그러고 나서 19세기는 어땠는지로 나아간다. 그 시기가 바로 예술에서 근대라는 경계선이 그어진 시기다. 거기까지 가면 이번에는 근대 이전은 어땠는지 알아본다.

장르의 사정을 알기 위해서는 과거 쪽으로 가는 게 우선이라고 생각한다. 가령 1980년대에 어떻게 새로운 팝아트가 등장했을까? 키스 해링(Keith Haring)과 같은 거리의 작품들. 신디 셔먼(Cindy Sherman) 같은 B급 영화 같은 이미지. 음악이라면 예를 들어 YMO* 같은 것과 함께 그 이후의 전개를 살펴보자. 그리고 1990년대에는 무엇이 달라졌을까? 그리고 인터넷이 보급되면서 2000년대에는 또 어떻게 되었을까?

이 연습 2에서는 작품의 리듬 구조에 대한 주목은 일단 잊어버려도 좋다. 역사를 대충 아는 것이 목적이어서, 실제로 작품을 감상하게 되면 리듬은 의식하게 되니까.

---

* YMO는 1978년에 데뷔한 일본의 3인조 신스팝 그룹 Yellow Magic Orchestra를 가리킨다_역주

미술사나 음악사 등을 배우기 위해서는 새 책이 좋다고 생각한다. 일선의 연구자가 쓴 알기 쉬운 좋은 새 책들이 나와 있다. 게다가 글자만 있는 책보다는 도판이 잔뜩 실려 있는 카탈로그 같은 것도 있으면 좋을 거란 생각이 든다.

새 책을 산다. 목차를 확인하고 관심이 있는 시대에 관한 부분부터 먼저 본다. 이때는 제대로 읽지 않아도 된다. 어떤 인물 혹은 작품이 나오는지, 키워드는 무엇인지, 어떤 인물이나 작품이 나오는지, 시대의 특징으로서 무엇을 말하고 있는지. 그 정도만 짚어내면 된다.

그다음에는 처음부터 읽어나간다. 고대에 일어난 일은 대충 훑어보면 된다. 고대나 중세 시대의 이야기에서 사람 이름을 제대로 기억하면서 읽으려다가 좌절하는 경우가 많은데, 이를 '공부'라고 착각하는 경우가 많다. 고대를 연구하는 전문가가 들으면 화를 낼 법하지만, 우선 공부해야 할 것은 근대의 사정이다. 근대의 사정을 훨씬 더 오래된 고대와 연결하는 것은 상당히 고급 편에 속한다고 생각해주길 바란다. (프로가 되면 근대와 그 이전을 연결하는 견해를 갖게 된다)

하나의 장르에 관해서는 책 한 권이 아니라 두세 권을 비교할 필요가 있다.

나 자신에게 중요한 작품을 기준으로, 크게 말하면 인터넷 이후의 세계와 18세기~19세기, 즉 근대화의 시기를 연결하듯이 살펴본다. 물론 바로 해낼 수 있는 일이 아니므로, 시간을 들여 역사의 여러 부분을 오가며 생각한다.

간만 본다는 생각으로 대충 훑어봐도 전혀 상관없다. 이 과정에서 만나는 고유명사를 전부 외우려고 하지 않아도 된다. 머리에 남는 것이 있으면 좋겠지만, 무엇보다 큰 흐름을 아는 것이 우선이다.

연습 3/ 생활을 리듬으로 파악한다

예술 문화를 한쪽에 두고, 일상에 가까운 친밀한 것을 리듬이라는 관점에서 파악해본다. 음식을 먹은 경험, 실내장식의 배치, 입는 옷의 조합, 외출할 때의 풍경, 사람들의 모습, 캐치볼처럼 주고받는 대화 등이 어떤 굴곡을 이루고 있는지, 그 비트와 굴곡을 느껴본다.

물론 항상 그런 자세로 모든 사물을 파악하는 것은 아닐 테다. 보통은 목적을 위해 행동하는 것이 주된 일이다. 그래도 마음이 내키면 생활의 부분 부분에서 예술적 감각을 느껴본다.

그러면 머지않아 일반적인 의미에서 예술이라고 간주하지 않는 것들도 리듬이라는 면에서 영화나 음악 등과 비교하는 느낌이 들 것이다.

이 작업이 어떻게 이루어지는가는 사람에 따라 다양할 터이니, 설명은 이 정도에서 그치겠다. 크게 봐서 작품을 리듬감 있게 보는 연습 1이 먼저 있고, 그 감각 혹은 그 센스를 생활에 조금씩 들여와 보는 것이다.

이렇게 시도하다 보면 나도 한번 따라 만들어볼까, 하는 마음이 생길지도 모른다. 그럴 때는 간단한 도구를 구하는 것부터 시작해보시라. 지금까지의 과정은 자기 안에 일종의 자동 생성이 일어나기 위해 축적하는 단계에 해당한다. 그러면 자연스럽게 뭔가가 나오지 않을까 생각한다.

그러나 물론, 당신이 꼭 그것을 만드는 사람이 될 필요는 없다. 다만 예술 문화에 접하다 보면 뭔가가 꿈틀거리기 시작할 것이다. 그것을 작품이라는 형태로 표현하지 않더라도 일상생활에 뭔가 뉘앙스가 더해지지 않겠는가. 생활의 리듬이라는 측면이 어느 정도 활성화될 것이다.

자, 그럼 작품을 만들고 싶다면 어떻게 해야 할까? 그 핵심은 이 책에서 다양하게 언급하고 있다. 무언가를 창작하기 위해서는 어떻게 할 것인가, 하는 관점에서 이 책을 다시 읽어보는 것을 추천한다. 그런 다음 각 장르의 입문서를 읽어보자.

한 마디만 더하자. 만들 수 있는 것을 만들면, 그것으로 멋진 일이다.

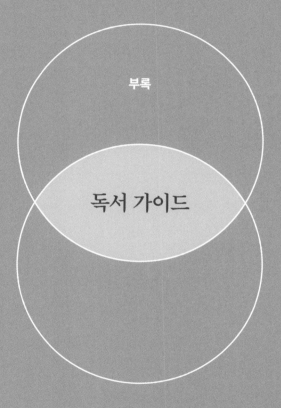

부록

독서 가이드

이 책의 참고문헌을 독서 가이드 형식으로 소개하고자 한다. 그러니까 이건 포괄적인 문헌 목록이 아니다. 더 나아가 이해를 넓히는 데 도움이 되는 책을 소개하려는 것이다.

1) 포멀리즘(Formalism), 미술

의미나 목적에서 벗어나 그저 형태를 본다는 전반적인 방침은 하나의 개념으로 말하면 '포멀리즘'에 해당한다. 다만 포멀리즘이라는 말은 여러 분야에서 사용되므로 이 책을 이해하기 위해서는 '미술 포멀리즘'을 검색해서 먼저 간단한 정의를 찾아야 할 것이다. 작품이 무엇을 나타내고 있느냐, 하는 것보다는 '형식·형태'에 주목한다는 내용이 나오리라 생각한다.

하지만 포멀리즘이란 비판을 많이 받아온 개념이고 또 그 비판에 대한 반론도 있는 등 '포멀리즘에 관해 전해오는 역사'는 복잡해서, 그에 관해 파악하려면 상당히 전문적으로 파고들어야 한다. 관심이 있다면 '포멀리즘 비판'도 함께 조사해보면 좋을 것이다. 하지만 이 책을 읽고 응용하기 위해서는 일단 아주 단순한 포멀리즘을 파악하는 것만으로도 충분하다.

형태를 보는 것을 중심으로 한다면, 사물을 어떤 식으로 언어화하게 될까? 그 실례로 다음과 같은 작품들을 참고하면 좋을 것으로 생각한다.

- 히라쿠라 게이(平倉圭), 《형태는 사고한다 - 예술 제작의 분석(かたちは思考する―芸術制作の分析)》, 도쿄대학출판회, 2019년.
- 야마우치 도모키(山内朋樹), 《정원의 형태가 태어날 때 - 정원의 시학과 정원사의 지혜(庭のかたちが生まれるとき―庭園の詩学と庭師の知恵)》, 필름아트사, 2023년.

현대미술 입문으로는 다음과 같은 것들을 소개하고 싶으며, 그 외에도 여러 가지를 비교해보기 바란다.

- 가케이 나나코(筧菜奈子), 《예쁘고 사랑스러운 20세기 미술*(いとをかしき20世紀美術)》, 아키쇼보, 2022년.
- 야마모토 고키(山本浩貴), 《현대미술사 - 유럽과 미국, 일본, 트랜스내셔널(現代美術史―欧米、日本、トランスナショナル)》 주코신서, 2019년.
- 특집 <아이다 마코토가 생각하는 새로운 미술 교과서(会田誠が考える 新しい美術の教科書)>, 《예술 신초(芸術新潮)》 2024년 2월호.

미술을 어떻게 볼 것인가에 관해서는, 다음의 대담이 예전의 나에게 큰 임팩트를 주었다. 조형 작가 오카자키 겐지로(岡﨑乾二郎)는 미술에 관해서는 물론, 다른 장르에 관해서도 훌륭한 참고가 될 만한 고찰을

---

* 이 책은 만화로 구성되어 있어 포인트를 알기 쉽고 계몽적이다.

펼친다. 찾아보기 바란다.

- 마츠우라 히사오(松浦寿夫)·오카자키 겐지로, 《그림을 준비하라!(絵画の準備を!)》, 아사히 출판사, 2005년.

2) 미학

자, 미학 분야에 관한 입문서로는 어떤 게 있을까. 여기에는 독특한 역사가 있으며, 현재는 '미학'이라는 이름으로 다양한 연구가 이뤄지고 있지만, 전통적이라고 할 수 있는 테마가 있다. 아름다움과 숭고함이라는 짝도 그중 하나다. 그런 테마를 중심으로 논하는 것이 '근대 미학'이다. 아래 입문서는 굉장히 읽기 쉽다.

- 이오쿠 요코(井奥陽子), 《근대 미학 입문(近代美学入門)》, 치쿠마신서, 2023년.

숭고함이라는 개념에 대해서는 내가 대학원 시절부터 신세를 진 두 사람의 연구가 생각의 출발점이다.

- 미야자키 유스케(宮崎裕助), 《판단과 숭고함 - 칸트 미학의 정치학(判断と崇高—カント美学のポリティクス)》, 지센서관, 2009년.
- 호시노 후토시(星野太), 《숭고함의 수사학(崇高の修辞学)》, 월요사, 2017년.

3) 정신분석

정신분석에 관해서는 다음 입문서를 읽어보는 것을 추천한다.

- 가타오카 이치타케(片岡一竹), 《기초부터 시작하는 잭 라캉: 질풍노도 정신분석 입문 증보·개정판(ゼロから始めるジャック・ラカン―疾風怒濤精神分析入門 増補改訂版)》, 치쿠마문고, 2023년.

라캉 이론의 상세한 내용에 관해서는 마츠모토 다쿠야가 매우 명확하게 정리해놓고 있다.

- 마츠모토 다쿠야(松本卓也), 《사람은 모두 망상한다 - 자크 라캉과 감별진단 사상(人はみな妄想する―ジャック・ラカンと鑑別診断の思想)》, 아오도사(青土社), 2015년.

위 책의 제3장에 프로이트의 논문 <쾌락 원리의 저편>을 바탕으로 '까꿍'에 대해 설명한 부분이 있는데, 여기서 리듬을 중시하는 것은 도가와 고지라는 정신분석가의 고찰과 관계가 있다. 예술과 생활의 여러 가지를 리듬으로 파악한다는 이 책의 계획은 원래부터 있었던 것으로, 집필 도중에 아래의 논문을 인지하여 참조했다. 이 논문에는 프로이트의 논의를 이항 대립에 관한 것으로 해석하는 것만으로는 불충분하며 리듬의 문제로 볼 필요가 있다는 지적이 있다. 이에 비해서 이 책의 특징은 까꿍 놀이를 복잡한 리듬으로 파악하는 것 외에도 0과 1이라는 이항 대립의 명멸을 거듭한다는 점에 있다고 생각한다.

- 도가와 고지, <정신분석에서의 리듬의 의문 - 정신적 시간과 공간의 생성(精神分析におけるリズムの問い―心的時間・空間の生成)>, 《사상(思想)》, 2021년 8월호, 이와나미서점.
- 도가와 고지, <심적 삶의 탄생 - 네거티브 핸드; 리듬의 정신분석 1(心的生の誕生―ネガティヴ・ハンド; リズムの精神分析1)>, 《사상》, 2022년 9월호, 이와나미서점.
- 도가와 고지, <형상과 표현 - 리듬의 정신분석 2(形象と表現―リズムの精神分析2)>, 《사상》, 2023년 10월호, 이와나미서점.

<쾌락 원리의 저편>은 《프로이트 전집》에 수록되어 있지만, 더 쉽게 번역되어 있다.

- 프로이트 <쾌락 원리의 저편(快原理の彼岸)>, 《프로이트 전집(フロイト全集)》 제17권, 스토 노리히데(須藤訓任) 번역, 이와나미서점, 2006년.
- 프로이트 <쾌감 원칙의 저편>, 프로이트 《자아론집(自我論集)》, 다케다 세이지(竹田靑嗣) 편집, 나카야마 겐(中山元) 번역, 치쿠마학예문고, 1996년.

4) 예측과 예측오차

뇌신경과 예측에 관해서는 프리스턴 등의 이론이 있다. 이 이론에 대해서는, 다음의 연구를 할 때 구마가야 신이치로(熊谷晋一郎)에게 배웠다. 2019년부터 2021년에 걸쳐 고쿠분 고이치로(國分功一郎)가 대표를 맡은 가운데 구마가야 신이치로·지바 마사야·마츠모토 다쿠야 등을 멤버로 하여 '자폐증에 관한 철학과 의학의 학제적 연구: 들뢰즈 철학과 자폐증 연구의 융합'(과학 연구비, 기반 연구 B)이라는 프로젝트를 실시했다. 그 연구회를 통해서 했던 생각이 이 책에도 반영되어 있다. 여기서 연구 운영에 노력을 많이 기울여주신 고쿠분 고이치로 씨에게 감사를 표하고 싶다.

'자유 에너지 원리'라는 이 이론에 나오는 수리 부분에 관해서는 문과생에게는 어렵겠지만 해설서를 통해 기본적인 아이디어는 이해할 수 있을 것이다.

- 이누이 도시오(乾敏郎)·사카구치 유타카(阪口豊), 《뇌의 대통일 이론 - 자유 에너지 원리란 무엇인가(脳の大統一理論—自由エネルギー原理とはなにか)》, 이와나미과학도서관, 2020년.
- 토머스 파(Thomas Parr), 지오바니 페줄로(Giovanni Pezzulo), 칼 프리스턴(Karl J. Friston), 《능동 추론: 마음, 뇌, 행동의 자유 에너지 원리(Active Inference: The Free Energy Principle in Mind, Brain, and Behavior)》, 이누이 도시오 번역, 미네르바 서점, 2022년.

예측오차와 라캉의 향락 개념을 연결하는 시도로는 다음과 같은 논문이 있다. 다만 이것은 해석의 시도 단계라고 생각한다.

- John Dall'Aglio, "Sex and Prediction Error, Part 1: The Metapsychology of Jouissance," Journal of the American Psychoanalytic Association, 69(4), 2021.
- John Dall'Aglio, "Sex and Prediction Error, Part 2: Jouissance and The Free Energy Principle in Neuropsychoanalysis," Journal of the American Psychoanalytic Association, 69(4), 2021.
- John Dall'Aglio, "Sex and Prediction Error, Part 3: Provoking Prediction Error," Journal of the American Psychoanalytic Association, 69(4), 2021.

5) 베르그송

제7장에 등장하는 베르그송의 시간론에 대해서는 히라이 야스시의 연구를 참조했다.

- 히라이 야스시, 《세계는 시간으로 이루어져 있다 - 베르그송 시간철학 입문(世界は時間でできている―ベルクソン時間哲学入門)》, 아오도사, 2022년.

최근 일본에서는 베르그송 연구가 활기를 띠고 있으며 자연과학과의 접점을 찾는 새로운 연구 상황도 생겨나고 있다. 다음의 논집 등을 참조해보자.

- 히라이 야스시·후지타 히사시(藤田尚志)·아비코 신(安孫子信) 편집 《베르그송 '물질과 기억'을 해부하다 - 현대 지각이론·시간론·심리철학과의 접속(ベルクソン『物質と記憶』を解剖する―現代知覚理論・時間論・心の哲学との接)》, 쇼시신수이(書肆心水), 2016년.

다른 문헌들

- 도널드 위니컷(Donald W. Winnicott), 《노는 것과 현실(Playing and Reality)》, 하시모토 마사오(橋本雅雄)·오오야 야스시(大矢泰士) 공역, 학술출판사, 2015년.
- 도널드 위니컷, 《성숙 과정과 촉진적 환경: 정서발달 이론의 연구(The maturational processes and the facilitating environment)》, 오오야 야스시 번역, 이와사키학술출판사, 2022년.
- 켄덜 월턴(Kendall Walton), 《픽션이란 무엇인가: 놀이와 예술(Mimesis as make-believe : on the foundations of the representational arts)》, 다무라 히토시(田村均) 번역, 나고야대학출판회, 2016년.
- 리처드 월하임(Richard Wollheim), <포멀리즘이란 무엇인가 - 그 분류와 전개 (On Formalism and Pictorial Organization)>, 김유미(金悠美) 번역, 《미술포럼 21(美術フォーラム 21)》 제2호, 다이고서방, 2000년.

- 우라노 도모카(浦野智佳), <정동을 표현하는 수단으로서의 '감성' — 공감이 범람하는 소셜미디어에서(情動を表現する切り口としての「エモい」—共感の氾濫するソーシャルメディアで)>, 《Core Ethics》 제19권, 리쓰메이칸대학 대학원 첨단종합학술연구과(立命館大学大学院先端総合学術研究科), 2023년.
- 스티븐 울프럼(Stephen Wolfram), 《스티븐 울프럼의 챗GPT 강의(What Is ChatGPT Doing ... and Why Does It Work?)》, 박해선 번역, 한빛미디어, 2023년.
- 오츠보 요스케(大坪庸介), 《진화심리학(進化心理学)》, 방송대학교육진흥회, 2023년.
- 오카노하라 다이스케(岡野原大輔), 《대규모 언어모델은 새로운 지능인가—ChatGPT가 바꾼 세계(大規模言語モデルは新たな知能か—ChatGPTが変えた世界)》, 이와나미과학라이브러리, 2023년.
- 오다 마코토(小田亮)·하시야 가즈히데(橋彌和秀)·오츠보 요스케·히라이시 카이(平石界) 편집, 《진화로 아는 인간 행동의 사전(進化でわかる人間行動の事典)》, 아사쿠라서점, 2021년.

칸트의 《판단력 비판(Kritik der Urteilskraft)》. 지금은 쉽게 구할 수 있고 읽기도 쉽다. 필자는 그동안 우쓰노미야 요시아키(宇都宮芳明) 번역본(이분사)을 참조해왔지만 구하기 어려워졌다.

- 기노시타 도모다케(木下知威)·이토 아사(伊藤亜紗)의 대담)*, 2014년. http://asaito.com/research/2014/05/post_15.php
- 구마노 스미히코(熊野純彦), 《칸트-아름다움과 윤리 사이에서(カント—美と倫理とのはざまで)》, 고단샤, 2017년.

---

* 필담의 대화를 바탕으로 구성한 이 대담에서는 시각, 청각, 촉각, 언어에 대해 흥미로운 고찰을 한다.

- 사사키 아츠시(佐々木敦),《고다르 원론: 영화, 세계, 소니마주(ゴダール原論—映画·世界·ソニマージュ)》, 신초사, 2016년.
- 사사키 겐이치(佐々木健一),《미학사전(美学辞典)》, 도쿄대출판회, 1995년.
- 사사키 겐이치,《미학으로의 초대 증보판(美学への招待 増補版)》, 주코신서, 2019년.
- 로버트 스테커(Robert Stecker),《분석미학 입문(Aesthetics and the Philosophy of Art)》, 모리 노리히데(森功次) 번역, 이쿠사서방, 2013년.
- 닉 채터(Nick Chater),《생각한다는 착각(The Mind Is Flat)》, 김문주 번역, 웨일북, 2021년.
- 도가와 고지,《프로이디언 스텝-분석가의 탄생(フロイディアン·ステップ—分析家の誕生)》, 미스즈서방, 2019년.
- 도쿠마루 요시히코(徳丸吉彦)·다카하시 유지(高橋悠治)·기타나카 마사카즈(北中正和)·와타나베 히로시(渡辺裕) 편집,《사전 세계 음악의 책(事典 世界音楽の本)》, 이와나미서점, 2007년.
- 에드먼드 버크(Edmund Burke),《숭고와 아름다움의 관념의 기원에 대한 철학적 탐구(A Philosophical Enquiry into the Origin of Our Ideas of the Sublime and Beautiful)》, 김동훈 번역, 마티, 2019년.
- 하스미 시게히코(蓮實重彦),《표층비평선언(表層批評宣言)》, 치쿠마문고, 1985년.
- 하스미 시게히코,《나쓰메 소세키론*(夏目漱石論)》, 박창학 번역, 이모션북스, 2017년.
- 하스미 시게히코,《고다르 혁명 증보 결정판(ゴダール革命 増補決定版)》, 치쿠마학예문고, 2023년.

---

* 하스미 시게히코의 책으로서 개인적으로 이 책을 가장 먼저 추천하고 싶다. 문학작품을 어떤 위대한 주제나 본질적인 것으로부터 분리하여 즉물적으로 취급하는 것을 실례로 가르쳐 준다. 소설을 읽는 방식만 바뀌는 것이 아니라 다양한 장르의 관점이 바뀌는 책이다.

- 히라쿠라 게이,《고다르적 방법(ゴダール的方法)》, 인스크립트, 2010년.
- 히라쿠라 게이, <'언어와의 작별'에 대한 4개의 노트(『さらば言語よ』についての4つのノート>)>,《유레카(ユリイカ)》2015년 1월호, 아오토샤.
- 후루타 데츠야(古田徹也),《첫 비트겐슈타인(はじめてのウィトゲンシュタイン)》, NHK 북스, 2020년.
- 호사카 가즈시(保坂和志),《계절의 기억(季節の記憶)》, 이상술 번역, 문학동네, 2010년.
- 호사카 가즈시,《소설의 자유(小説の自由)》, 주코문고, 2005년.
- 호사카 가즈시,《소설의 탄생(小説の誕生)》, 주코문고, 2006년.
- 호사카 가즈시,《소설, 세계가 연주하는 음악(小説、世界の奏でる音楽)》, 주코문고, 2008년.
- 에드거 앨런 포(Edgar Allan Poe),《글쓰기의 철학(Critical Theory : The Major Documents)》, 손나리 번역, 시공사, 2018년.
- 샤를 보들레르(Charles Pierre Baudelaire),《보들레르의 현대 생활의 화가(Le Peintre de la vie moderne)》, 박기현 번역, 인문서재, 2013년.
- 야마다 마요(山田真世), <유아기의 그림에 있어서 표상이해의 발달-묘화의도와 타자이해에 주목하여(幼児期の描画における表象理解の発達―描画意図と他者理解に着目して)>, 박사논문, 고베대학, 2015년.
- 장 라플랑슈(Jean Laplanche),《정신분석에서의 삶과 죽음(Vie et mort en psychanalyse)》, 도가와 고지·호리카와 사토시(堀川聡司)·사토 도모코(佐藤朋子) 번역, 곤고출판, 2018년.
- Pierre Sauvanet, Le rythme grec. d'Héraclite à Aristote, PUF, 1999.

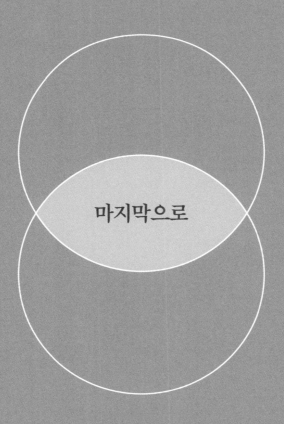

마지막으로

비평의 권리

이렇게 예술론 책을 정리하게 되어 한시름 놓았다.

앞서 펴냈던 《현대사상 입문》(김상운 번역, 아르테)도 그렇지만 예술론도 언젠가는 써야 한다고 생각했다. 신중해지고 미루다 보면 한이 없어서 일단 '임시 고정(仮固定)' 하기로 결심할 수밖에 없었다. 《현대사상 입문》에서는 데리다나 들뢰즈 등의 철학에 관한 나의 해석이 일단 굳어졌고, 이는 나의 한계이기도 해서 일종의 체념을 동반하여 쓰기로 했다고 말했다. 마찬가지로 예술에 대해서도 일정한 예술관이 세워져 있어서 앞으로도 유지될지 변할지는 모르겠지만 일단 써두어야겠다고 생각했다.

이 책은 《공부의 철학》(박제이 번역, 책세상)으로 시작하는 입문서들 가운데 세 번째에 자리매김한다. 그런 입문 서적을 쓰게 된 것도, 이렇게 된 이상 다 내 적성이 맞아서라고 생각하기로 했다. 독자를 위한 가이드 성격의 책이면서 동시에 나 자신의 이론적 열등감의 표현이기도 하다.

《공부의 철학》은 생각에 관한 책이고 《현대사상 입문》은 윤리에 관한 책일지도 모른다. 그렇다면 이번에는 미적 판단의 문제이다. 칸트의 세 작품*에 비유해 보았는데, 유머로 말하자면 그렇다는 얘기다.

---

* 여기서 말하는 칸트의 세 작품은 《순수이성 비판》, 《실천이성 비판》, 《판단력 비판》을 말한다_편집자주

이 책은 나에게 초심으로 돌아가는 책이다.

원래 내가 지닌 흥미의 한가운데에는 미술이 있었다. 미술대학에 가고 싶은 마음도 있었다. 하지만 고등학교 시절에 미술 작품을 만들면서도 글쓰기에 재미를 붙였다. 도치기(栃木) 현립 미술관 기획전을 보고 리포트를 쓰는 미술 수업 과제가 그 계기였다. 그래서 '비평' 흉내를 내게 되었는데, 당시 우쓰노미야 고등학교에서 미술을 담당하고 있던 유사카 다카지 선생님에게 다양한 조언과 때로는 엄격한 비평(!)까지 듣고, 미술부에도 들어가게 되면서 관심의 범위가 넓어졌다.

그리고 1995년, 내가 쓰던 맥이 인터넷에 연결되어 일본 최초의 인터넷 문화를 접하게 된다. 늦은 밤마다 익명의 채팅창에 들어가고 ―나에게는 그 연장선 위에 트위터가 있는데― 거기에서 미디어 이론과 현대사상에 대한 흥미가 생겼다. 그것과 미술을 연관시키고 싶은 마음도 있었지만, 굳이 말하자면 '인터넷으로 인해 앞으로 현실감각이 어떻게 변해갈 것인가'라는 사상적인 의식이 더욱 강해졌다.

그 결과, 대학에서는 프랑스 현대사상이나 인문계의 이론을 배우게 되었다. 한때는 작품도 만들었고 미술비평에도 관심이 있었으나 정신을 차리고 보니 이미 멀어져 있었다. 미술을 봉인한 느낌도 있었는데, 대학 3학년 때 언저리의 일이었던가 보다.

그때부터 철학사상의 문헌을 읽고 논문을 쓰는 기술을 익히는 것으로 나 자신에 제한을 걸었다.

만약 당시 트위터 같은 SNS가 있었다면 그런 제한을 걸지 못하고 더 산만해지지 않았을까 생각해본다. 모르겠지만, 그때는 아직 현실 세계가 훨씬 커서 이상하게 야망을 드러내지 않아도 되었는지도 모른다.

그 후, 2008년경에 봉인이 풀리게 되었다. 오카자키 켄지로(岡﨑乾二郎)의 주도하에 국립근대미술관에서 열린 '비평의 현재'라는 심포지엄에 초청받아 등단한 것이 커다란 계기였다. 거기에는 앞서 독서 가이드에서 소개한 바 있는 히라쿠라 게이도 참가했고, 이후 활동할 젊은이들이 모여 있었다. 그때 미술가 이케다 고스케가 적극적으로 말을 걸어준 것도 큰 격려가 되었다. 이후 이케다와 대담을 하거나 도쿄예술 대학에서 수업에 참여하는 등 —고바타 가즈에(木幡和枝)에게 많은 신세를 졌는데— 예술론을 재개하게 되었다.

비평 쓰기를 잠시 뒤로 미루고 논문 쓰는 연습을 했다. 그러나 아카데미즘의 길로 들어선 것은 결과적으로 그렇게 되어버렸다는 흐름이었을 뿐이고, 본래는 학문적으로 엄격하기보다는 좀 더 자유분방하면서 비평적인 글을 쓰고 싶었다. 고등학교 때까지 내 주변에는 학문적 엄밀함을 가르쳐주는 사람이 없었다. 그런 사람이 있는 환경은 드물지만, 대학에 가면 스무 살 전에 이미 학자적인 규범을 의식하는 사람도 있다.

거기에 대해 콤플렉스를 품었다고 할 정도까진 아니었지만, 아무튼 나는 그런 방향이 아니라고 생각했다.

학문적으로 글을 쓰는 것과 비평적 혹은 예술적 자유도와의 접점을 찾는 데 어려움을 겪었다. 지금도 고생하고 있지만, 그게 나라는 인간이라고 생각하게 됐다.

2008년 무렵은 들뢰즈에 관한 논문을 쓰기 시작한 시기이기도 해서, 돌이켜보면 논문 집필은 비평을 다시 시작한 것과도 연동되어 있었다. 그래서 가까스로 박사논문을 완성하고 2012년에 승인받아 18살 때부터 34살에 이르기까지 16년에 걸친 대학 시절에 종지부를 찍게 된다.

글쓰기를 좀 더 자유로운 행위로 '되돌리기' 시작한 것과 논문을 쓰는 것은 연결되어 있었던 것 같다. 논문이라고 해도 자기 나름대로 쓰는 수밖에 없다는 결론이 나왔다. 경제적으로도 한계가 있었고, 여러 제약 속에서 일정한 장벽을 넘을 수 있도록 어떻게든 해야만 했다.

직장을 갖게 되면서 간사이 지역으로 이사했다. 오사카에 자리를 잡고 올해로 12년째다. 박사논문을 바탕으로 한 《너무 움직이지 마라 − 질 들뢰즈와 생성변화의 철학》(바다출판사)을 펴낸 것은 이사한 지 1년 후인 2013년으로, 그때부터는 오사카에서 모든 책을 쓰게 된다. 도치기에서 미술에 뜻을 품었던 무렵부터 헤아려보면, 참으로 기묘한 느낌이 든다.

대학원 때 오사카 대학에서 학회가 있어 머무는 동안이었다. 여름이었는데 나는 밤거리를 거닐었다. 그곳은 이전의 신주쿠나 시부야를 연상케 하는 도쿄에서는 사라져가는 속된 분위기가 느껴지는 공간이면서 그와도 조금 다른 이상한 열기가 느껴지는 곳이었다. 언젠가 오사카에서 살아보고 싶다고 생각했다.

대학 3학년 무렵, 어떤 막다른 골목에 부딪히며 예술에 관한 고찰이 중단됐다. 아니, 실제로는 이런저런 사정이 겹친 거라서, 그런 설명은 지나치게 이야기를 복잡하게 만들지도 모른다. 하지만 굳이 이야기를 만들어보자면, 작품을 비평할 때 이것은 이렇다는 의미를 부여할 권리, 말하자면 '비평의 권리'는 어디에서 오는가 하는 문제를 풀지 못했다. 잘난 척하는 논객들이 작품에 대해 이러쿵저러쿵 단정하는 것에 반발을 느꼈다. 아니, 모조리 '단정'이라고 생각했다.

거슬러 올라가서 고등학교 리포트에 처음 쓴 글은, 추상적인 현대미술 작품이란 게 그저 요리를 맛보듯 체험하면 되는 것이고 그럴듯한 말을 하며 자랑하는 사람들은 모두 궤변가, 곧 소피스트라는 이야기였다. 지금 생각하면 정말로 부끄럽기 짝이 없는 젊은이다운 반발이었다. 나는 이 문제를 다시 마주하기를 오랫동안 피해왔지만, 이런 최초의 태도에는 진지하게 검토할 만한 점도 있다고 생각하게 되었다.

이 열다섯 살짜리 소년은 단순하게 말해서 아직 지식이 없었기에 어려운 비평을 읽어봤자 이해하지 못했다. 그래서 반발했다. 처음에는 그랬던 것 같다. 그리고 해석이란 사뭇 다양할 수 있다는 것을 알지 못했다.

어떤 이론적인 틀이 있다고 치고, 그 틀을 사용해서 작품에 의미를 부여하는 것이 일단 가능은 하되, 그 의미는 절대로 그렇다고 단정하는 게 아니라 그렇다고도 말할 수 있다, 그러니까 해석의 다양성, 혹은 더 넓게 말하면 인간 의견의 다양성이라는 걸 젊은이는 이해하지 못했던 게다. 절대로 이렇다고 말할 수 없다면 모두 궤변이라고 생각했다. 그러나 그렇게 되면 반대로 극단적으로 주관적 체험을 절대화하게 되는데, 그것은 이를테면 미각의 극대화라고 생각했다.

그런 식으로 대학에 들어가서도 '비평의 불가능성' 같은 것을 생각했으나 뜻을 이루지 못하고 좌절하고 말았다. 그리고 거기에서 상대주의의 문제를 생각하게 되면서 더 추상적인 현대사상의 연구로 나아갔다.

그 무렵 대학에서는 '타자(他者)'라는 키워드가 가장 중요하다고 해도 지나치지 않을 정도로 취급되고 있었다. 그보다 훨씬 전에는 현대에서의 다양성, 곧 다이버시티(diversity)라는 논의가 있었고.

다른 해석이 있는 것, 즉 해석의 복수성을 '무엇에 관해서든 말하고 싶으면 어떻게든 말할 수 있다'와 같은 상대주의(모든 것은 궤변이라는 허무주의적인 견해)로 파악하는 것이 아니라, 다양한 '타자'에게 고유한 견해가 있다는 더 윤리적인 방향으로 생각하게 되었다.

그렇다면 반대로 자기 자신 또한 누군가에겐 타자이기 때문에, 자신이 하나의 해석을 가지는 것은 그런 존재와 결부된 실천이 된다. 이렇게 정리해도 되는 건가에 대해선 의문도 있지만, 이렇게 빙빙 돌면서 작품에 대한 의미 부여를 허락할 수 있게 된 것 같다.

생각해보면 젊은 시절에는 연장자의 존재가 무엇인가를 결론짓는 것만으로도 두렵게 느껴지는 법이다. 젊은 사람들은 약하기 때문이다. 육체적으로는 기세가 있어도 정신적으로는 아직 제대로 된 것을 갖추지 못했으니까.

정신적으로 튼튼해진다는 것은 근거가 있는 사고를 할 수 있게 됨과 동시에, 그것만으로는 불충분하고 사물에 대해 좋든 나쁘든 둔감해지는 것이 아닐까, 생각한다. 그러니까 익숙해지는 것이다. 결국, 절대적인 근거를 댈 수 없다는 사실을 받아들이는 것이다. 세상에는 여러 사람이 있고, 모두가 납득할 수 있는 해답은 존재하지 않는다. 자연과학은 '과학적으로 생각한다면'이라는 조건부 평면에서 그 이상을 실현하는 것으로 보이지만, 인간이 사는 세계가 어찌 그 평면만으로 이루어지겠는가. 그것을 체감으로 이해하려면 시간이 걸리는 법이다. 나이가 들면서 손가락이 딱딱해지고 뻣뻣해지는 것처럼 정신도 내성을 갖게 된다.

내 안에는 의미보다도 앞서 음식과 연결되는 듯한 예술의 감각이 있었다. 그 그림이 무엇을 나타내는 것이냐 하는 것 이전의 감각적인 즐거움과 흥분을 어떻게든 표현하고 싶었지만, 예전에는 그럴 수 없었다. 예술은 곧 요리다, 하는 것 외엔 할 말이 없었다. 그 답답함도 있어서, 의미를 부여하는 말에는 미숙한 반발을 할 수밖에 없었다.

그로부터 30년 가까이 지나, 음식을 맛보듯이 작품을 즐긴다는 말도 안 되는 구조를 말로 표현하려고 시도한 것이 바로 이 책이다.

부모님이 미술계 학교를 나와서인지, 나는 어릴 때부터 그림을 그리거나 종이로 공작을 해보며 자랐다. 뭔가를 보고 멋있다, 여기는 좋은데 저기는 좀 다르다, 같은 식의 대화가 자주 오가는 가정이었다. 그것이 일의 기초가 되었다고 생각하지만, 다른 한 편으로는 근거를 들어 추론한다든지 무엇인가를 옳다 그르다고 판단하는 쪽으로는 빈곤한 가정환경이기도 했다. 나는 그게 나의 약점이라고 생각한다.

먹을 때도 음식에 대해 자주 이야기하는 환경이었다.

그런데 먹는 즐거움, 그 말도 안 되는 강도(強度)에는 윤리적인 의미가 있다고 생각한다. 뭔가 곤란한 상황이 있다고 해도, 식탁에서는 그러한 상황을 허공에 매달아 놓는다. 비즈니스에서도, 정치에서도, 학문의 세계에서도 식사를 함께하는 것은 해석이 다른 사람들 사이에 완충지대를 만드는 것이다. 그 한 부분이 식사이지만, 너르게 말해 '사교'라는 실천에는 그런 의미가 담겨 있다.

예술 또한 직접적인 이해관계를 간접적인 것으로 바꾸는 일이며 사람들을 매개하는 것이다. 목적을 위한 행동이 한쪽에 있고 그 반대편에 예술을 위치시킨다면, 사교는 그 중간에 있다고도 할 수 있을 것 같다.

먹는 것을 기본으로 하고, 사람들이 뭔가를 목표로 삼는 게 아니어도 그저 모이는 공간을 소중히 했으면 한다. 모두의 뜻이 일치하기를 바라기보다, 작은 모임을 여기저기 만든다. 그리고 그와 비슷한 것으로, 작은 모임처럼 요소들을 나열하여 작품을 만든다.

이 책이 예술이라 불리는 것의 이미지를 넓히고, 살아가는 데 새로운 색채를 더할 수 있기를 바란다.

이 책은《공부의 철학》때와 마찬가지로 문예춘추(文藝春秋)의 도리시마 나나미와 공동 작업을 통해 완성되었다. 여러모로 애써준 것에 대해 깊은 감사를 드린다.

그리고 평소 예술 문화에 관해 이야기하고 이 책의 초고에 조언을 주신 분들에게도 감사드리고 싶다.

2024년 2월, 따스함을 느끼기 시작한 오사카에서

옮긴이 전경아

중앙대학교 독문학과를 졸업했다. 이야기가 긴박하게 전개되는 사회파 미스터리와 주인공의 자조적 유머가 돋보이는 하드보일드 소설, 주인공과 주변 사람들의 일상을 잔잔하게 그려내는 옴니버스 형식의 만화를 가장 좋아하지만, 재미난 이야기라면 장르를 가리지 않고 좋아한다. 앞으로도 재미있고 좋은 책을 소개하는 게 꿈이다. 현재 출판 번역 에이전시 베네트랜스에서 전속번역가로 활동하면서 그 꿈을 이루려고 부단히 노력 중이다. 옮긴 책은 일일이 헤아리기조차 어려울 정도로 많지만, 대표적으로 아래와 같은 작품들이 있다.

『미움받을 용기 1-2』

『아직 긴 인생이 남았습니다』

『감정의 늪에서 빠져나오는 중입니다』

『3미터의 행복』

『새콤달콤 심리학』

『똑똑한 나를 만드는 철학 사용법』

『책임은 어떻게 삶을 성장시키는가』

『혼자서도 강한 사람』

『아무래도 방구석이 제일 좋아』

『포기하는 연습』

『아니라고 말하는 게 뭐가 어때서』

『왈칵 마음이 쏟아지는 날』

『현대 철학 로드맵』

『남과 비교하며 살지 마라』

『아들러에게 인생을 묻다』

『생각의 틀을 바꿔라』

『아이와 함께하는 즐거운 수납』

『성공한 사람들의 99% 습관』

『3초 행복 테라피 무엇을 주웠니?』

『아이의 두뇌 습관을 바꿔라』

『당신에게 눈부신 오늘을 선물합니다』

『고양이 여관 미아키스』

『아버지를 기억해』

『필요가 피로가 되지 않게』

『엉덩이 탐정』 시리즈 7권

『너무 신경 썼더니 지친다』

『왕실로 읽는 세계사』

『그 개가 전하고 싶던 말』

『아들러 선생님 고민 있어요!』

『혼자서 참 애썼어요』

『나는 엄마가 힘들다』

『나를 위해 일한다는 것』

『일하는 의욕에 불을 붙여라』

『이 얘기 계속해도 될까요?』

『다니면서 준비하자』

『아들러에게 사랑을 묻다』

『행복한 천재를 만드는 행복한 두뇌』

『긍정적인 사람의 힘』

『협상 심리학』

『간단 명쾌한 발달심리학』

『집중의 기술』

『아무것도 하지 않으면 아무 일도 일어나지 않는다』

센스의 철학

초판 1쇄 인쇄 2025년 2월 28일
초판 1쇄 발행 2025년 3월 14일

지은이 | 지바 마사야
옮긴이 | 전경아
펴낸이 | 권기대
펴낸곳 | ㈜베가북스

주소 | (07261) 서울특별시 영등포구 양산로17길 12, 후민타워 6-7층
대표전화 | 02)322-7241   **팩스** | 02)322-7242
출판등록 | 2021년 6월 18일 제2021-000108호
홈페이지 | www.vegabooks.co.kr **이메일** | info@vegabooks.co.kr
ISBN | 979-11-92488-58-5 (03100)

---

* 책값은 뒤표지에 있습니다.
* 잘못된 책은 구입하신 서점에서 바꾸어 드립니다.
* 좋은 책을 만드는 것은 바로 독자 여러분입니다.
* 베가북스는 독자 의견에 항상 귀를 기울입니다. 베가북스의 문은 항상 열려 있습니다.
* 원고 투고 또는 문의사항은 위의 이메일로 보내주시기 바랍니다.